T0128718

ΩportunidadES

¡No podrás decir, nunca fui advertido!

Oscar A. Jiménez

authorHOUSE®

AuthorHouse™
1663 Liberty Drive
Bloomington, IN 47403
www.authorhouse.com
Phone: 1 (800) 839-8640

Reina-Valera 1960 (RVR1960) copyright citation

El texto Bíblico ha sido tomado de la versión Reina-Valera © 1960 Sociedades Bíblicas en América Latina; © renovado 1988 Sociedades Bíblicas Unidas. Utilizado con permiso. Reina-Valera 1960™ es una marca registrada de la American Bible Society, y puede ser usada solamente bajo licencia.

Published by AuthorHouse 04/22/2016

ISBN: 978-1-5246-0303-8 (sc)
ISBN: 978-1-5246-0301-4 (hc)
ISBN: 978-1-5246-0302-1 (e)

Library of Congress Control Number: 2016905874

Print information available on the last page.

This book is printed on acid-free paper.

Agradecimiento

A Ti Señor Jesucristo por haber vencido a la muerte y salvado mi vida entregando la tuya. Por ser el mejor amigo en cualquier momento del día; pues sé que puedo contar contigo a cualquier hora. Amén.

A mis padres Oscar René y Georgina en especial amor abierto, porque han sido los mejores amigos, consejeros y maestros en mi camino dentro de la senda de Justicia y Misericordia que Dios demanda de una vida cristiana. Amén.

A mi esposa Yaressi Estefany, por tener Fe de que El Santo Espíritu está en nuestro hogar, depositando toda su confianza en Él y en mí; de que podremos salir adelante sea cual sea la asechanza del maligno y/o pruebas del Altísimo. Amén.

Y gracias a aquellos que se han convertido en mis hermanos comenzando siendo amigos, muy a pesar de que muchas veces las decepciones de los más queridos nos hayan golpeado por la vida. Que para ello tenemos el PERDÓN y GRACIA con el fin de seguir creciendo en santidad y amor. Amén.

INDICE

PROLOGO ix

INTRODUCCIÓN...xi

I. ES Hoy

AntecedentES

    1.- EntendiéndoSE 3

    2.- antES - despuES 7

II. Señor y Señora

1ª Oportunidad

    ANCESTROS: Primeros Padres 18

III. Arcas de Salvación

2ª oportunidad

    1.- La Alianza Real 27

    2.- El Pueblo de Dios.. 32

    3.- La Ley De Moisés... 36

    4.- El Nuevo Pacto... 43

IV. Terrenos de Inversión

3ª oportunidad

1.- Tierra… Tierra… Tierra. 55

2.- El sembrador salió a sembrar… 60

2.1- El Terreno Junto al Camino *63*

2.2- El Terreno Pedregoso *69*

2.3- El Terreno Espinoso *74*

2.4- El Buen Terreno *80*

V. Seol ‖ Hades ‖ Gehena

SIN oportunidad

El Tormento Eterno 88

EPILOGO 97

PROLOGO

Oportunidades: un libro de corta lectura que busca abrir el entendimiento a cada lector en grandes rasgos, de que DIOS LE HA HABLADO al hombre durante todas las épocas por las que ha caminado. Basado en que DIOS puede libremente lavarse las manos debido a las advertencias que el SUPREMO DUEÑO ha manifestado según la Era propicia de cada generación queriéndonos salvar de la maldad que ata a la humanidad en pecado día a día llevándole a la muerte segunda. Oportunidades trata en general de diversos entendimientos basados en los estudios e investigaciones y entrevistas realizadas por un servidor con el fin de hacernos pensar que DIOS tiene escondido códigos literarios y numéricos verdaderamente significativos para las decisiones a tomar previas a la elección definitiva. Sin importar la lengua, idioma o dialecto. A veces palabras combinadas, es decir compuestas por diferente origen idiomático. Significados que datan de tiempo atrás que a hoy han evolucionado a significados tergiversados causando confusión; cual tendría que ser esclarecida a través de las raíces etimológicas de palabras claves en cada contexto leído cuyo conocimiento podría entonces aclarar mejor el fundamento que queremos dar a conocer. Se muestran en éste libro algunos ejemplos de *significados descifrados a suposición pero a punto de tesis o hipótesis también*, causando en nosotros un nivel de cuestionamiento para seguir buscando la respuesta correcta a estas dudas; <<que Jesucristo quiere descubramos por nosotros mismos>>. Por ejemplo el mismo título de ésta edición litúrgica; es conformado por las ULTIMAS dos ABREVIACIONES del nombre de la tercera persona de DIOS; "ES" (Espíritu Santo). De lo cual se interpreta que Espíritu Santo siempre ha caminado con el hombre todo el tiempo de vida en la tierra buscándole, hablándole, advirtiéndole para Salvarle OPORTUNAMENTE. Sin embargo…El primero en RESPETARNOS es DIOS PADRE, quien no fuerza a obedecerle. Cada selección es dejada a nuestra voluntad gracias al precioso libre albedrío que otorgó como regalo desde el primer momento que pisamos esta tierra. Sin embargo si tenemos la Biblia; que nos instruye en ¿Cómo seguir sus veredas de Justicia?

INTRODUCCIÓN

¿Cuánto tiempo más dejará el hombre pasar durante su vida, la oportunidad terrenal, el chance de ser elegido y salvo? ¿Hasta cuándo será el día que la necedad del hombre se detenga para darle cabida en su corazón y mente al Espíritu Santo de Dios?

Dos sencillas preguntas retóricas que deberíamos dejar al análisis, meditación y reflexión del tiempo que Dios nos permite aquí en la tierra; para tener un espacio de OPORTUNIDAD de ser Salvos por la preciosa Sangre derramada de su Hijo Jesucristo y ganar la preciosa ETERNIDAD para la cual fuimos creados desde que el Padre Celestial entregó lo que más ama; a su SANTO HIJO JESUCRISTO el cual es vital en nuestra vida para ser tomados en cuenta en el AMOR del PADRE (Juan 14:6).

¿Pero porqué he de necesitar de DIOS en mi vida?

El rechazo del hombre por el señorío y gobierno de esta tierra sucedió en el huerto del EDEN y fue entregado al adversario de Dios. Cuando ADAN le falló al Creador en desechar la OBEDIENCIA hacia EL y seguir reinando como lo hacía mientras estuvo en el paraíso. De ahí que fuese necesario limpiar su pecado y de toda su descendencia (nosotros) por medio de JESUCRITO. Aun así, la guerra continúa. Entre Embajadores del Rey <<sus siervos y creyentes>> y huestes de maldad <<demonios y ángeles caídos>> gobernadores de los aires (Efesios 6:12). Una Guerra Antigua, solo Dios sabe desde cuando lucha contra éste ser maligno y sus seguidores. Si bien es cierto decir que comenzó mucho antes de que el hombre fuese formado.

Pero los relatos, sermones, comentarios, enseñanzas y estudios en el propósito de éste libro es exaltar las OPORTUNIDADES que DIOS constantemente en su MISERICORDIA otorga al ser humano día tras día por medio de sus SIERVOS, por medio de MILAGROS, por medio de su CREACION, por medio de su pueblo ISRAEL y su transición de ser salvado desde su elección ancestral como centro de la Tierra; que hasta nuestros días, permanece por la Santa Protección de Dios, pues Jehová Dios es FIEL y VERDADERO en sus promesas y profecías (Romanos 3:4). Inclusive por medio de la ciencia a través de <<inventos y descubrimientos>> otorgados por DIOS a la humanidad. Se ha comprobado la existencia de algo SOBRENATURAL no capaz de entender por el cerebro humano de que DIOS es REAL y ETERNO, su misma palabra comprueba que TODO ES DE EL Y PARA EL (Colosenses 1:16). En sus Sagradas escrituras está toda verdad para disipar nuestras dudas. CRISTO ES LA RESPUESTA. Por medio de la Iluminación de la Biblia llegaremos al entendimiento.

מִלָּה

Palabra Λέξη

Word parola

Реч

كلمة

חם מלה

كلمة

Słowo

izwi wort

워드

palavra

字 слов

ຄຳ

I. AntecedentES

ES Hoy

1.- EntendiéndoSE

ES Hoy

ENTENDIÉNDOSE

"Hay camino que al hombre parece derecho, pero su fin es camino de muerte."

Proverbios 14:12

El hombre cree y piensa entenderse a sí mismo, notamos una vez y otra vez como constante las siglas de E.S. en este primer subtítulo, queriendo guiarle a conocerse a usted mismo amigo lector; por medio de EL.

Pareciera ser que el camino representara las oportunidades que Dios otorga al hombre por la vida. Un trasiego lleno de confusiones y obstáculos, éxitos y derrotas, aflicciones y victorias. Pero su fin es que alcancemos la Vida Eterna. Que por ningún motivo nos apartemos del camino de la salvación que Su Hijo Jesucristo bajó a compartir con la humanidad; ofreciéndose a sí mismo. Como el único medio de alcanzar el Cielo. Con el único propósito de una OPORTUNIDAD DE VIDA Eterna.

La Palabra de Dios menciona en el libro de Proverbios del Sabio Rey Salomón, --el hombre más sabio en la tierra después de Jesucristo--. Más específicamente en el capítulo 14 verso 12; que no es a nuestro parecer, no es a nuestras propias decisiones que obtendremos los triunfos. La finalidad es que pongamos en las manos de Dios nuestras decisiones y seguir haciendo su Santa Voluntad. Lo que se quiere decir es; que el camino de Dios y sus opciones, mandatos, decretos, ordenanzas o sugerencias SIEMRPE SERAN LAS MEJORES, pues inclusive algunas; "creyendo que ciertas decisiones son las mejores" vienen a ser de Perdición para nuestra Alma ¿Pero cómo es esto? ¿Cómo decidir bajo la voluntad de Dios, si a veces no lo entendemos?

Pues bien, la Biblia también menciona en Hechos de los Apóstoles del N.T. que hubo un eunuco etíope tesorero de la reina de Etiopía. Al cual el apóstol Felipe le fue enviado por el Espíritu de Dios para que le fuesen enseñadas las escrituras del profeta Isaías. Le puede corroborar mi estimado amigo en el capítulo 8 de los versículos 26 al 38. Donde es notoria la connotación que Felipe hace al eunuco cuando le pregunta *"... ¿entiendes lo que lees...?"* es el preciso momento para capturar su atención y hacerle saber y comprender que es NECESARIO RECIBIR a Jesucristo reconociéndolo como el Autor de la Historia ‖ como el Consumador de su Ley en nuestras vidas... para poder llegar al conocimiento pleno de sus Sagradas Escrituras. La misma Biblia lo confirma en la Segunda Carta a los Corintios 2: 6-16; cuando el apóstol Pablo por revelación de E.S. explica que no hemos recibido el espíritu del mundo, sino el Espíritu que proviene de Dios, para que sepamos lo que Dios nos ha concedido... pero que el hombre natural *(quien no le ha aceptado comprometidamente en su corazón)* no percibe las cosas que son del Espíritu de Dios, porque para él son locura... puesto que se han de discernir espiritualmente. Porque para poder entender a Dios; es necesario creer con Fe en el Evangelio de Salvación... Si se ha entendido... ¿por qué es necesario que le busquemos, que le aceptemos y que le retengamos en nuestro corazón al Espíritu Santo de Dios?

La Salvación es HOY mi amigo(a). Tan solo un segundo hace la diferencia entre decir sí o no. "...He aquí ahora el tiempo aceptable; aquí ahora el día de salvación" 2ª Corintios 6:2b.

2.- antES - despuES

ES Hoy

ANTES-DESPUÉS

"Yo soy el Alfa y la Omega, el principio y el fin, el primero y el último."

Apocalipsis 22:13

ESPIRITU SANTO; es la viva esencia de Dios mismo, ES Jesucristo Invisible, ES el aliento de vida, el soplo del Padre Celestial y creador en el embrión que se gesta en cada madre (salmo 139). Cuando cada niño apenas viene a enfrentar lo que el mundo le depara. ES ya era, ahora lo ES y seguirá siendo.

Para cada uno de nosotros encontramos la interpretación de los mensajes divinos a nuestra forma. Siempre y cuando se haga bajo la perfecta voluntad de Dios. Su voz (la del Espíritu de Dios) se plasma según la formación de nuestros pensamientos y emociones. Pues ES nos hará comprender según el método por el cual de la mejor manera entenderemos sus lecciones en el desarrollo que tenemos cumpliendo por cada etapa de nuestras vidas terrenales y espirituales.

Por así decir, en lo personal un Servidor y Amigo; cree en FE que el Señor Jesucristo por medio de Espíritu Santo (ES), deja mostrar que tiene CODIGOS LITERARIOS, ETIMOLÓGICOS, MATEMATICOS y NUMERICOS, conocidos como Profecía; la misma BIBLIA es el instructivo de vida para el hombre. Sus enseñanzas anuncian… ¡Sí!.. ¡Anuncian! de su pronta venida por segunda vez, que advierten que lo que sucederá es un Justo

Juicio para los hombres y que es Imprescindible que aceptemos su Oportunidad de Vida Eterna. El fue ANTES de la fundación del mundo y será DESPUÉS de la destrucción de éste. Como lo menciona la epístola de *San Juan cap. 1 vers. 1 al 4 en el NT, "En el principio era el Verbo, y el Verbo era con Dios, y el Verbo era Dios. Este era en el principio con Dios. Todas las cosas por él fueron hechas, y sin él nada de lo que ha sido hecho, fue hecho. En él estaba la vida, y la vida era la luz de los hombres."* Explico: Se hace referencia a Jesucristo, quien es la luz del mundo. Quien nos resplandece en medio de las tinieblas para salir a **Ver...dad** y **¡¡¡Vveeerrrr!!!** El camino que debemos seguir, haciendo justicia y misericordia en medio de la oscuridad. Algunas características de Dios dentro de ciertas palabras claves que nos deja **ver** cada día, para FUNDAMENTAR que él ES.... Y seguirá siendo.

Dios **ES**:

a) Aβ | solut | Ω

A ‖ Alfa ‖ la primer letra del alfabeto griego. Que denomina el principio de algo. El Sr. Menciona muchas veces que él ES el principio y el fin. El Alfa y la Omega. Con el comienza todo y con el termina todo.

AB ‖ representa al Padre (ABBÁ) es el significado de padre en el idioma arameo. Idioma natal de Jesucristo. Un acrónimo que se lee al revés y al derecho. De ahí que los niños al nacer su primer palabra sea ABBA... luego de haber nacido. Es la alabanza, la honra, gloria y agradecimiento que cada criaturita humana exalta a Jehová mismo por haberlo traído a éste mundo[1]. Por permitirle existir y planearle a un propósito en esta tierra. (–Entonces-- el aborto es un homicidio a los planes de Dios contra su voluntad).

Solut. || nos habla de su particularidad UNICA. No hay más dioses solo EL. || En Química se refiere a la sustancia del todo en UNO solo ¿Será esto una advertencia para el hombre? También se puede traducir como la respuesta salvífica de una cuestión en particular. El SOLUTO para su vida o condenación eterna de su alma.

O || Omega || la última letra del alfabeto griego. La OPORTUNIDAD ULTIMA del hombre en su vida. Debiendo ser la primera. Pero en su misericordia nos alcanza a última instancia si estamos en sus límites de Paciencia y Tolerancia por causa del Amor de su Hijo que detiene la Ira del Padre.

Dios es soberano y respetuoso de nuestras decisiones. Tanto nos AMA que no interrumpe, no fuerza, pero si insiste en invitarnos, en hablarnos, en prevenirnos, en anunciarnos, qué…<<*Dios ES el Alfa (el que debe ser primero en todo) como la SOLUCION OPORTUNA antes de que el Omega llegue (su juicio) por medio de la muerte final, en nuestras vidas*>>.

---

[1] "Antes que te formase en el vientre te conocí, y antes que nacieses te santifiqué, te di por profeta a las naciones." Jeremías 1:5

Tal vez pueda usted preguntarse ¿por qué fue escogido el idioma Griego por Dios para escribir parte de la Biblia? (El Nuevo Testamento). Así como el idioma Inglés es ahora la lengua internacional de la comunicación y el comercio con las naciones. Así lo era el lenguaje Griego en ese tiempo.

¿Acaso Dios lo planeó de ésta manera para decirle a las naciones que les está hablando a todas por igual? ¿Es la OPORTUNIDAD de recibir al Espíritu Santo en nuestras vidas Igual para Todos? El mismo apóstol Juan sigue mencionando en los postreros versículos del capítulo 1 que El Señor Jesucristo "vino a lo suyo, y los suyos no le recibieron." Juan 1:11.

De ésta forma nos dejó la puerta abierta de entrar a la VIDA ETERNA junto a todas las naciones, siendo que su pueblo le rechazó. ¿Cómo es esto? El apóstol Pablo también lo explica en la carta a los Romanos capítulo 11:13-21 estableciendo en sus predicaciones a los gentiles (los no judíos) que somos injertados como olivo silvestre en el olivo genuino, es decir, nosotros de otros pueblos, somos las ramas silvestres, pero por la fe en el Mesías Yeshúa fuimos adheridos en Israel a quien vino primero como PAN del cielo.

b) *Espíritu Santo*

Espíritu ‖ palabra hebrea que en sus raíces diversa en sus significados, como: aliento ‖ soplo ‖ espíritu ‖ viento ‖ aroma. Dios en sus diferentes personas tiene Espíritu y lo comparte con los que quieran ser sus hijos. Es pues un don que solo Él puede darnos. El viento esta en todos lados aunque no lo veamos.

Como la oportunidad de respirar aire para buenos y malos. Para justos e injustos.

Santo ‖ nombre otorgado a los "apartados" de Dios. A los "purificados" por la sangre del Cordero. No ser contaminado por los placeres del mundo. *"Sed Santo como Yo Soy Santo."* (1ª PEDRO 1:16)... Palabras del Señor Jesucristo a sus apóstoles y a su Iglesia.

c) ES

ES ‖ tercera persona del singular del verbo ser y estar (JUAN 1:1-2; 1:29-34).Dios es Padre, Hijo y E.S. (1ª JUAN 5:7). Es decir no fue ni será.

Debemos seguir buscando el DESCIFRAR y DISCERNIR los Códigos de Dios en tantos y tantos textos... usando de los DONES que su Santo Espíritu otorga a cada cristiano en el plano espiritual, cuando leemos u oímos un mensaje.

Como nos ordena su palabra en la epístola de la 1ª carta de JUAN capítulo 4:1 *"Amados, no creáis a todo espíritu, sino probad los espíritus si son de Dios;..."*.

El mundo es un mercado de oportunidades correctas e incorrectas. Es una ENCUESTA GLOBAL donde responderemos mediante decisiones acertadas o erráticas. Hermano lector usted tiene la llave para decidir. ¡Si ya lo tiene! al Espíritu de Verdad, de Gozo, de Amor, de Fe, de Esperanza, De Victoria, de Consuelo, de Sabiduría, de Discernimiento, de Santidad; Lo FELICITO pues solo el ESPIRITU SANTO es la llave para abrir la puerta a la Eternidad. Y si no... todavía está a tiempo de dar un giro de 180° para que Jesucristo le llene con su PAZ y pueda usted estar tranquilo y confiado en que si permanece fiel a ÉL. Entonces Dios le será fiel a usted para otorgarle bienaventuranzas en ésta y la postrera vida celestial. Amén.

d) *Sí* | **א**

Sin ‖ falta o carencia material o inmaterial, indica que hay algo que no se ha tenido en cuenta. Aunque esta misma palabra al inglés significa pecado (tal cual como está escrita) o la misma carencia de DIOS en nuestras vidas cometiendo decisiones sin su consulta o consentimiento, aprobación o voluntad. Interesante que al idioma inglés y español signifiquen carencia de algo importante para la vida ¿No cree?

א ‖ letra hebrea de nombre 'Alef' que curiosamente inicia el conjunto de los 10 mandamientos otorgados a Moisés en el monte Sinaí –un resumen de la LEY de DIOS en el Antiguo Testamento-- pero también la primera consonante de las 22 letras hebreas; como si la misma palabra nos diera el fallo positivo a decir que SÍ a los reglamentos de Dios Padre.

ח ‖ letra hebrea de nombre 'jet' representa la *"vida misma en el alma, una esencia un aliento un aroma"* no la vida carnal no el espíritu que poseemos sino un EXTRA adquirido que nos lleva a buenas decisiones que sobrevuelan en la mente para propósitos trascendentales. Letra encontrada al centro casi del alfabeto pero muy variada en formas de otras más como:

'bet'	בּ
'hei'	ה
'mem'	מ
'resh'	ר

Pareciera ser la esencia misma de Dios sobrevolando las eras por las que el hombre ha trascendido y caminando a través de como ahora conocemos su nombre verdadero ESPIRITU SANTO.

ת ‖ letra hebrea de nombre 'taf' que revela el establecimiento del Reino de Dios al final del alfabeto hebreo (o al final de los tiempos) y también conecta con 'Alef' la primera letra como un ciclo de retorno por ser la última del <<ALEF-BET>>. Tal como lo hizo Jesucristo al resucitar y como también hará al volver a la Tierra a establecer su Reino Milenial.

Personalmente creo que cada una de estas principales consonantes denota la actividad de cada una de las personalidades de Dios durante la historia plasmadas asimismo por símbolos. Que al mencionarlas integradas en la palabra 'sin' en sus diversas variantes mayúsculas o minúsculas advierten a decir que SÍ pero a DIOS PADRE, DIOS HIJO y DIOS ESPIRITU SANTO y al mismo tiempo que SIN ello nos conducimos a un desorden sin reglas, sin propósito y sin reino establecido. No decir si al pecado.

e) *Ver* | *DAD*

Ver ‖ verbo que identifica el sentido de la vista. También denota la conjugación verbal activamente. Conectándose con uno de los métodos de enseñanza más antiguos. La observación; por el cual se captan y aprenden la mayoría de los temas y procesos a efectuar cuando se llevan a la práctica antes de realizarla. Como paso previo a la acción.

DAD ‖ palabra originada del lenguaje anglosajón o más conocido como el idioma inglés y que traducido al español significa papá/padre | progenitor de género masculino. Pero que también proviene del castellano DAR que significa otorgar, regalar, obsequiar, es decir repartir de una pertenencia propia hacia el prójimo.

¿Será que Dios está indicando hacia dónde <<VER>>, mirando hacia arriba, dirigiendo las oraciones al PADRE NUESTRO? Viendo al prójimo en su necesidad, DANDO lo que falta al necesitado. Para conocer la VERDAD de DIOS en nuestras vidas. Practicándola. Y que es el Padre quien otorga todo como cabeza principal proveedora…

II. 1ª Oportunidad

Señor y Señora

ANCESTROS: Primeros Padres

Señor y Señora

ANCESTROS: PRIMEROS PADRES

"²⁶Entonces dijo Dios: Hagamos al hombre a nuestra imagen, conforme a nuestra semejanza; y señoree en los peces del mar, en las aves de los cielos, en las bestias, en toda la tierra, y en todo animal que se arrastra sobre la tierra. ²⁷Y creó Dios al hombre a su imagen, a imagen de Dios lo creó; varón y hembra los creó. ²⁸Y los bendijo Dios, y les dijo: Fructificad y multiplicaos; llenad la tierra, y sojuzgadla, y señoread en los peces del mar, en las aves de los cielos, y en todas las bestias que se mueven sobre la tierra."

Génesis 1:26-28

Fue en el Huerto del Edén donde comenzó todo. Donde el Señorío fue la primera tarea administrativa que recibió Adán. Todo estaba a sus pies, para él y para su esposa. Habían sido planeados por Dios para ser SEÑOR y SEÑORA de toda la Tierra. La fauna y la flora se sometían a la voz del hombre por medio de sus ordenanzas y el hombre a Dios por medio de su Voz.

Señor.   Amo ‖ Dueño ‖ Maestro ‖ Mesías.
Señorear. Dominar ‖ Gobernar.
Señorío.   Autoridad ‖ Dominio ‖ Poder ‖ Potestad.

En la Mesopotamia del territorio en Siria y los países árabes que hoy radican ahí; entre el rio EUFRATES y el río TIGRIS el paraíso estaba.

Cuan grande tarea tenía el hombre, cuan grande galardón había recibido ADAN y su SEÑORA EVA. Por cuanto Dios, Jehová Elohim le confió, le entregó, le dio un patrimonio que cuidar, una grande parcela que administrar. Es ahí donde encontramos el más grande AMOR de DIOS para con el hombre. En el DAR. Se aprecia el profundo amor del Creador con su Máxima Creación como del Padre entregando Herencia al Hijo. La Fe que Dios tiene en nosotros; pues conoce nuestras capacidades –porque EL nos hizo--. Pero somos nosotros quienes no confiamos en Él, ni siquiera de nosotros mismos y lo que somos capaces de hacer. El libre albedrío la libre decisión, también DIOS NOS LA DIO POR AMOR.

Nos equivocamos y pasamos la culpa a otro congénere, inclusive al Creador. Olvidando que somos herencia de ADAN y EVA y causa del pecado original; efecto del rechazo, (lea bien –del rechazo--) de la tierra que Dios ya había entregado al Hombre en el Huerto del Edén, ahora debemos ganar el pan con el sudor de nuestra frente. Una tierra que producía por medio de la obediencia. Ahora ella también nos desobedece, pero no ha DIOS (Génesis 3:17). Pues ella misma y toda su creación ha sido castigada debido a nosotros. HIJOS e HIJAS desobedientes.

El recuerdo no le viene a su memoria. ¡Oh lector! Fue también en el Paraíso donde la transacción malvada y rebelde sucedió, donde nuestros PRIMEROS PADRES decidieron hacer arreglos con el adversario entregando la posesión más preciada en ése entonces: LA TIERRA misma, la nueva creación que Dios había realizado para el hombre y su descendencia.

1. <u>La ordenanza</u> de Dios era; NO COMER DEL ARBOL del BIEN y del MAL: árbol del Conocimiento. El que estaba en medio del huerto (Génesis 2:17). Un mandato. De ésta forma la culpa nos ciega recordando el mal que nos agobia por medio de no reconocer que antes de todo **"hubo una advertencia".** Y no obedecer conlleva consecuencias: La muerte. Porque así lo había instituido Dios si se llevaba a cabo.

2. <u>La incredulidad</u> fue el segundo manifiesto del ser humano contra Dios Creador. Cuando fue más obediente a la SEDUCCION que la serpiente ofreció a la mujer y luego ella al hombre. Como buen vendedor; haciendo magnifica mercadotecnia del producto en cuestión, mostrando las vanidades de gozar como Dios al conocer las diferencias entre bueno y malo. **"Seréis como dioses".** *--Ella dijo; la serpiente antigua (Génesis 3:5).*

Entendemos ahora como fue que perdimos el CONTROL de la TIERRA. Y ahora lo tiene el Padre de Mentira. El comandante de los Aires de éste mundo. Ha sido por nuestra DESOBEDIENDIA e INCREDULIDAD nuestra falta de FE en la VOZ de DIOS CREADOR. <u>Primera Oportunidad Rechazada del Hombre de Reinar y Señorear por la Tierra.</u>

Fe y Obediencia es lo que podemos concluir de éstas dos cortas enseñanzas que DIOS demandaba de ADAN y su mujer en ése tiempo. Dos herramientas fuertes para el hombre de HOY EN DIA. Dios sigue demandando de nosotros FE y

OBEDIENCIA por medio de practicar su palabra y creer en su Voz. Solamente Su Voz lector. Hemos oído la voz de los Medios (radio y tv), de los políticos, de las personas… pero qué de La Voz de Dios. Jesucristo el Maestro. Qué de su Biblia.

El Hijo de Dios; Emanuel, el deseado de todas las gentes vino a morir por nosotros para salvarnos del Infierno y su terrible condenación eterna. Pues por causa de que el Pecado entró por un hombre (ADAN) así también el pecado tiene que salir por otro hombre (JESUCRISTO) –1ª **Corintios 15:22--** una matemática muy sencilla. No rechace su nombre… a Jesús el Salvador.

Solución.

El cambio verdadero está en aceptar a Jesucristo en nuestro corazón para que su Santo Espíritu interceda ante el Padre y nos haga parte de Él y sus planes; al ser recogidos nuevamente para entrar en el Paraíso.

Recibamos el Don de la **Fe y Obedezcamos** su Palabra. (Juan 14:15 y Hebreos 11:1) Por medio de la Confesión Total de nuestros pecados, peticiones y agradecimientos a través de:

- La Oración
- La Conversión**Confesión**
- El Testimonio **En**
- Los Pensamientos**Todo Tiempo**
- Las Acciones

Confesión
En
Todo Tiempo

Recuerde No crea en Cristo… CREALE A JESUCRISTO, CREALE AL SUMO SACERDOTE.

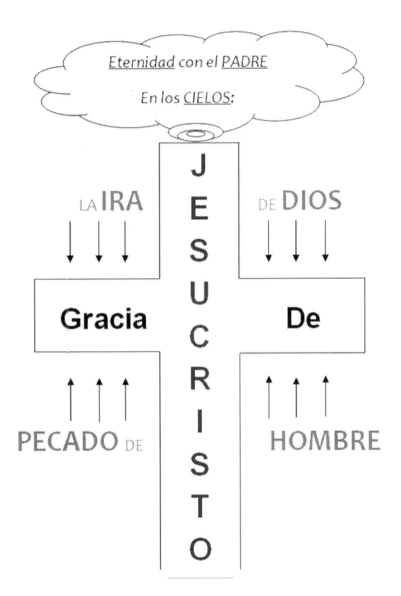

Único CAMINO a la VIDA eterna

III. 2ª oportunidad

Arcas de Salvación

1.- La Alianza Real

Arcas de Salvación

LA ALIANZA REAL

Hace un tiempo atrás será unos 2 años tal vez fue que recibí éste mensaje revelado por "Holly" --así le llamo con cariño a E.S.--; pues bien, estaba sin trabajo en esos días pero mi esposa y yo nos reuníamos con unos hermosos hermanos en su iglesia humilde pero bastante llena de Gracia del Altísimo. Cuando fui entonces invitado a una misión a reunirnos en alabanza; ya una distancia considerable en la periferia de la ciudad de Monterrey, NL, México. Era un tiempo difícil por el cual; escases laboral era la prueba de fuego en ese entonces para reflejar el amor hacia Cristo aun si en ese momento era ausente en mi vida... Cual fue la sorpresa de éste inmerecedor al ser invitado a predicar el mismo instante de la visitación. Puesto que quien estaba encargado de la palabra confortante no había podido asistir. Así bien apartándome un poco de la congregación de jóvenes misioneros y coparticipes de la alabanza postré mis rodillas a buscar la guianza de HOLLY. Quien reveló por medio del nombre de ésa localidad pobre, el TITULO que ahora lleva ésta sección del libro: "LA ALIANZA REAL", la cual Dios quiere establecer con el hombre mucho tiempo atrás y, todavía…

"Hazte un arca de madera de gófer, harás aposentos en el arca y la calafatearás con brea por dentro y por fuera."

Génesis 6:14

Pasado el tiempo en que los hijos de Adán y Eva se multiplicaron; vino la maldad nuevamente hacia los hombres. Por tanto Dios se arrepintió de haber creado al hombre. Sin embargo sus Ojos miraron a un Justo, de entre todos los seres humanos que se gozaban de continuo en hacer el mal que había en su corazón. Este fue NOÉ (Génesis 6:8).

Por tanto habló DIOS a Noé y le ordenó hacer un ARCA, es decir, un barco con las medidas exactas para darle la oportunidad a toda la creación terrestre de ser preservados.

Nuevamente vemos la Misericordia de Dios Padre sobre el hombre, queriendo SALVARLO del pecado que empezó a proliferar sobre la Tierra desde que nuestros primeros Ancestros rechazaron seguir los mandamientos de Dios en el Paraíso.

Así bien, 120 años concedió Dios al hombre para que se arrepintiera de sus malos caminos, y la oportunidad de entrar en el ARCA que NOE y su familia recibieron como comisión de construir; para que la humanidad pudiera ser salva.

Antecedentes.

En los *versículos 1 al 7 del capítulo 6 del libro de Génesis* leemos que nuevamente satanás después de haber sido rechazado del Tercer Cielo donde habita Dios; él y sus ángeles caídos conocieron (tuvieron sexo) a las hijas de los hombres de ésta Tierra –Génesis 6:2--. Buscando entorpecer los planes divinos. De ahí que DIOS buscara tomar un remedio extremo, de raer toda ésa maldad que se había propagado con tanta rapidez. Por medio de un Diluvio.

Irónicamente es el diablo quien más se pone en contra de Dios, pero el que más lo imita. Él y sus secuaces buscaron imitar la creación del hombre por medio de la relación sexual entre ángeles y humanos. --Justificando así que él también tiene poder para crear--. Más lo que se consiguió fue el surgimiento de una nueva y diferente raza de seres (los gigantes[2]) como se les conocía. Una creación que DIOS no tenía planeada. Una creación que arrastraba sentimientos y pensamientos de maldad y rebeldía extrema. Y pues claro siendo hijos de ANGELES REBELDES y DESOBEDIENTES que se podía esperar. – Mi amado lector… esto no es una historia de Ciencia Ficción. El diablo y sus demonios siempre han querido Distraer, Desvirtuar y sobre todo Pervertir al hombre de la guía que DIOS tiene trazada para nosotros.

Solución.

Analizando el versículo clave de éste capítulo paso a paso encontramos la respuesta a nuestras vidas. En tres separaciones características para describir lo que Dios quiso decir al hombre en sus pensamientos.

1. Madera de Gófer. Madera de pino. El pino es una de las maderas más maleables para el carpintero.

---

[2] Esto es 'Nephilim' en el idioma hebreo ‖ los caídos ‖ los que hacen caer ‖ gigantes o titanes. Génesis 6:4. Número 13:33. 2ª Pedro 2:5.

NOTA: Le invito a investigar más sobre éstos actos de deshonra contra la alabanza a Dios mismo.

2. <u>Aposentos</u>. Cámaras || cuartos. Un lugar especial donde depositar una posesión muy valiosa para nosotros. O de un fin muy preciso.

3. <u>Brea</u>. Sustancia usada en la antigüedad para tapar las hendiduras de la madera y a la vez hidratar y fortalecerla; haciéndola más resistente contra la termita, polilla y el agua.

Haciendo uso de nuestras capacidades que el Señor nos da, podemos comprender que ahora el Arca es Jesucristo y la madera representa al ser humano; a su mente, cuerpo y corazón. Con la finalidad de que nos dejemos moldear en las manos del CARPINTERO que una vez cargo la Cruz y llevó nuestros pecados.

Dejemos a su Espíritu Santo hacer aposento en nuestras vidas. Para ser limpiados y fortalecidos con la Unción por medio de esa brea cubriendo nuestras iniquidades y ensalce la Gloria de Dios por dentro y por fuera de nosotros. Desde nuestros pensamientos hasta nuestros sentimientos y acciones manifestados de ahora en delante. Buscando el reconocimiento del CAMBIO VERDADERO que deba ser reflejado para con la Humanidad Entera. Amén.

2.- El Pueblo de Dios

Arcas de Salvación

EL PUEBLO DE DIOS

"...a Abraham fueron hechas las promesas, y a su simiente. No dice: Y a las simientes, como si hablase de muchos, sino como de uno: Y a tu simiente, la cual es Cristo."

Gálatas 3:16

Un nuevo comienzo tuvo que trazar El Eterno para el hombre. De una semilla limpia de entre los hijos de Noé existió uno digno de engendrar al pueblo de Israel. Ese fue SEM quien a su vez fue bendito por Jehová cuando cubrió la desnudez[3] de su padre siendo que CAM su hermano burlase del padre (NOE) –Génesis 9:26. De SEM nace la descendencia de Abraham el padre de la Fe. Y el sumo patriarca del pueblo hebreo[4]. Él mismo fue llamado por Jehová Elohim para salir de UR de los caldeos –tierra de idólatras y paganos, adoradores de demonios--; para entregarle la porción de Canaán, hijo de CAM (Gálatas 3:16 || Hechos 7:5 || Génesis 12:7). Puesto que Cam y muy posiblemente también el Nieto, o sea Canaán Hijo de Cam, se habían burlado de la desnudez de su padre, luego de que el diluvio había pasado y

---

[3] Teoría referente a la posible violación de CAM a su madre, al cometer incesto con la esposa de NOE, aprovechando la situación que su padre estaba borracho y adormilado, o bien el acto voyerista de invadir en la privacidad del acto sexual de sus progenitores.

[4] Esto es "el que cruzó al otro lado" || ancestros de los israelitas actuales || lengua arcaica semítica.

Noé se embriagó con la cosecha de unas uvas. De ahí que haya sido maldecido el hijo de Cam. Al no mostrar respeto; contrario a sus hermanos que si lo hicieron Sem y Jafet.

El pueblo hebreo vino a conformar la próxima nación de Israel en el futuro. Es hasta nuestros tiempos uno de los únicos pueblos más antiguos hasta hoy. Que a pesar de que el diablo ha buscado desaparecerlo de la faz de la Tierra (pues borrarlo sería confirmar la inexistencia de Jehová Dios). Jehová HASHEM, Jehová ADONAI ha cuidado y permanecido fiel con él. Pues de él provino la simiente verdadera. Jesucristo hijo de David, descendiente de Abraham "el amigo de Dios".

Dios separó a Abraham de su familia, de su tierra. Así Jesucristo nos llama a cada uno mientras vivimos diariamente. A algunos a separarse de la familia misma, donde se crece con tradiciones religiosas que no agradan y no alaban el nombre del verdadero Dios. A otros nos ha separado de entre los mismos de la iglesia donde crecimos. Que a pesar de habernos desarrollado en un templo cristiano y verdadero. Fundamentado en Cristo Jesús el mesías. Fuimos criados más bien en una costumbre y religiosidad como lo fueron los fariseos y saduceos de la época de rabí Emanuel. *"Así Abraham creyó a Dios, y le fue contado por justicia. Sabed, por tanto, que los que son de fe, éstos son hijos de Abraham. Y la Escritura, previendo que Dios había de justificar por la fe a los gentiles, dio de antemano la buena nueva a Abraham, diciendo: En ti serán benditas todas las naciones. De modo que los de la fe son bendecidos con el creyente Abraham" GÁLATAS 3:6-9.*

¡Oh hermano! Bendiga al pueblo de Dios. Bendiga pues a Israel (GÉNESIS 12:3). Porque de éste proviene su Ley, sus estatutos, sus mandamientos, en él fuimos injertados para recibir Salvación (ROMANOS 11:17-21). De Jesús el Hijo de Dios.

Hoy en día muchos pueblos odian a Israel por haber rechazado a Jesús y crucificarle en un madero. Pero fue necesario así que pasase. El profeta Isaías así lo menciona en el capítulo 53. También el rey David en el salmo 22. Además en salmos 69 e Isaías 50 encontramos más profecía del varón de dolores experimentado en quebranto. Han sido más de 400 predicciones cumplidas en la vida de Jesús en la tierra. 456 para ser exactas (solo en el Antiguo Testamento).

Recuerde amado lector que de Israel vino la promesa de Salvación. Y que si ¿nosotros somos parte del pueblo de Dios por haber creído en el mesías prometido? Pronto seremos recogidos por el Señor en las nubes (1ª TESALONICENSES 4:17).

3.- La Ley De Moisés

Arcas de Salvación

LA LEY DE MOISÉS

"Porque la vida de la carne en la sangre está, y yo os la he dado para hacer expiación sobre el altar por vuestras almas; y la misma sangre hará expiación de la persona."

Levítico 17:11

Dios, el Eterno Padre de las Luces, entregó a Moisés; un mesías un libertador de los tiempos antiguos para el pueblo hebreo. Una Ley, una serie de reglas conformadas por 5 libros, conocidos hasta hoy como el PENTATEUCO, así como la Biblia es para nosotros el instructivo de vida, así éstas leyes o libros lo son para los judíos. Los cuales son GÉNESIS, ÉXODO, LEVÍTICO, NÚMEROS y DEUTERONOMIO.

Una oportunidad de salvación y vida eterna para Israel y las Naciones resumida en 10 mandamientos escritos en tablas de piedra por el dedo de Dios (ÉXODO 31:18). Puesto que si nos ponemos a contar cada una de las leyes escritas a Israel pasan de las 600 leyes…Tal vez dirá usted; una oportunidad de salvación ¿para las Naciones? Si mi amigo, El ALTISIMO escogió un pueblo de entre todas las naciones para ubicarlo en el centro de la Tierra (EZEQUIEL 38:12) leemos antes en el capítulo 19 del mismo libro de Éxodo que Jehová llamó a Moisés al monte Sinaí para exponerle su propósito para con el pueblo sacado de Egipto. Diciéndole así: *"Vosotros visteis lo que hice a los egipcios, y cómo os tomé sobre las alas de águilas, y os he traído a mí. Ahora, pues, si diereis oído a mi voz, y guardareis mi pacto, y vosotros seréis mi especial tesoro sobre todos los pueblos; porque mía es toda la tierra. Y vosotros me seréis un reino de sacerdotes, y gente santa. Éstas son las palabras que dirás a los hijos de Israel."* (EXODO 19:4-6).

Dios Todo poderoso sentó un precedente sobre la tierra de Egipto, ejemplo tipo de las naciones amantes de los placeres diabólicos y satánicos, que distraen su atención de la alabanza de Dios como menciona la carta a los GÁLATAS en el cap. 5 vers. 19 al 21. Titulado como ´las obras de la carne` las cuales son: adulterio, fornicación, inmundicia, lascivia, idolatría, hechicerías, enemistades, pleitos, celos, iras, contiendas, disensiones, herejías, envidias, homicidios, borracheras, orgías, y cosas semejantes a éstas.

Dios buscó hacer de ellos una nación ejemplar situada, repito, en el centro de la Tierra superficial. Para que al conocer esto qué Jehová hizo a los egipcios, las demás naciones temieran buscando arrepentimiento y aceptándole como su único Dios verdadero, volviéndose de las veneraciones a los demonios y llevando sus transgresiones carnales a Dios por medio de su pueblo de Sacerdotes Israelitas. Pues notará que todas los demás pueblos antiguos eran politeístas en sus creencias erratas. Esto es, adoración a muchos dioses. Solo Israel es Monoteísta –adoración a un solo Dios--.

Y lo que da objetivo a ésta porción capitular del libro Oportunidades… es citar una vez más cómo la Ley de Moisés es otra confirmación profética y cumplida de la muerte de Cristo por nosotros. En la carta a los Hebreos 9:22 leemos que *"...casi todo es purificado, según la ley, con sangre; y sin derramamiento de sangre no se hace remisión"* (de pecados).

Un cordero, un becerro, un buey, 2 palomas... eran los tributos --según el estrato social-- como requisitos que la Ley estipulaba para expiación de pecados de los hombres y sus familias, es decir, para ser purificados, esto cada año, realizado por el Sumo Sacerdote. Sin embargo eran sacrificados dos corderos por día; uno al iniciar la mañana cuando sale el Sol y otro, al caer la tarde cuando se cae el Sol; sacrificados por los sacerdotes súbditos del Sumo Sacerdote; para purificación del Pueblo: [Para el Israelita y el Ismaelita (árabes) el día tiene punto de partida a las 6:00 de la tarde como inicio de día o jornada]. Jesús es tipo de cordero hasta nuestros tiempos. Quien ha muerto una sola vez por la humanidad entera (Hebreos 9:27-28).

El <<Arca de la Alianza, Arca del Pacto, Arca del Testimonio>>, era una reliquia hecha de diversos materiales, de madera de acacia y revestida de oro macizo por dentro y por fuera. Que Dios ordenó hacer a Moisés. Adornada por dos querubines que miraban hacia abajo; en la tapa --llamada propiciatorio—hecha de puro oro.

En ésta clase de baúl eran guardados 3 objetos importantes: las tablas del testimonio que relataban los 10 mandamientos escritos por el dedo de Dios, también se encontraba ahí la vara de Aarón que reverdeció dentro del arca; con la cual usó Moisés para cumplir con todas las plagas que Dios mandó a Egipto y hacer milagros de Dios en el transitar vivido por espacio de 40 años en el desierto por éste líder y el pueblo hebreo, y tercero; la vasija de los panes celestiales llamado Maná. A su vez también tenía función ser vertida sobre el propiciatorio (la tapa); la sangre de los corderos y machos cabríos primogénitos, para la purificación de las transgresiones de la carne. En memoria de que la vida del hombre debe presentarse limpia ante Dios (representada por el arca del testimonio) para así recibir perdón DIVINO y seguir viviendo aquí en la tierra con su santo consentimiento. Explico lo que tipifica cada elemento significativo:

Sangre: Reconocer que somos pecadores y es necesario morir a nuestros pecados para recibir perdón de Dios.

Maná: Reconocer que Dios es el único proveedor para nuestras necesidades durante nuestro andar aquí en la tierra.

Mandamientos: Reconocer que su Ley es Perfecta y por medio de ella recibiremos salvación y entrada celestial.

Vara de Aarón: Reconocer la grandeza de Dios y sus proezas por nosotros en todo tiempo contra cualquier afrenta del enemigo.

Imagine usted; hasta hoy seguir realizando sacrificios carnales de bueyes, toros y corderos. Dios Padre se cansó de ello puesto que el hombre se acostumbró (tradiciones religiosas) al hacerlas año con año. Entonces <u>Jesucristo el Hijo</u> *"...entrando en el mundo dice:*

> *Sacrificio y ofrenda no quisiste; Mas me preparaste cuerpo. Holocaustos y expiaciones por el pecado no te agradaron. <u>Entonces dije</u>: He aquí que vengo, oh Dios, para hacer tu voluntad, Como en el rollo del libro está escrito de mí."*
> *HEBREOS 9:5-7.*

Si querido lector, fue Jesucristo quien nos amó primero, quien se ofreció a sí mismo[5] por nuestros pecados y llevado al matadero como cordero puro sin mancha, no abrió su boca[6], muriendo por nuestras transgresiones para que alcanzásemos vida eterna por medio de ÉL (solamente) hacia el Padre y sus moradas en los cielos.

La ley del Antiguo Testamento no propone la salvación del ser humano. Con ello comprendemos cómo es que Dios mismo la llama débil, defectuosa y carnal. No que el autor de esta ley haya sido defectuoso sino que los que la recibieron no podían cumplirla por ser mortales y pecadores.

> *"Entonces, <u>¿para qué sirve la ley</u>? Fue añadida a causa de las transgresiones, hasta que viniese*

---

[5] Filipenses 2:5-11.

[6] Isaías 52:13-15 y cap. 53.

> *la simiente a quien fue hecha la promesa; y fue*
> *ordenada por medio de ángeles en mano de un*
> *mediador. Y el mediador no lo es de uno solo;*
> *pero Dios es uno. ¿Luego la ley es contraria a las*
> *promesas de Dios? En ninguna manera; porque*
> *si la ley dada pudiera vivificar, la justicia fuera*
> *verdaderamente por la ley. Mas la Escritura lo*
> *encerró todo bajo pecado, para que la promesa*
> *que es por la fe en Jesucristo fuese dada a los*
> *creyentes." GALATAS 3:19-22*

La ley del ojo por ojo y diente por diente fue parte del desarrollo del plan de Dios para salvación del ser humano. Esta etapa del trabajo de salvación consistía en condenar al pecado. En otras palabras, fue añadida por el Creador para que todos comprendiéramos la necesidad que tenemos del Señor y Su misericordia. *"Ya que por las obras de la ley ningún ser humano será justificado delante de él; porque por medio de la ley es el conocimiento del pecado." (ROMANOS 3:20). "Pero la ley se introdujo para que el pecado abundase; mas cuando el pecado abundó, sobreabundó la gracia;" (ROMANOS 5:20). "¿Luego lo que es bueno, vino a ser muerte para mí? En ninguna manera; sino que el pecado, para mostrarse pecado, produjo en mí la muerte por medio de lo que es bueno, a fin de que por el mandamiento el pecado llegase a ser sobremanera pecaminoso." (ROMANOS 7:13).*

La ley antigua tenía como propósito dar a conocer el pecado; que el pecado abundase; condenar al pecado y al pecador.

4.- El Nuevo Pacto

Arcas de Salvación

EL NUEVO PACTO

"He aquí que vienen días, dice Jehová, en los cuales haré nuevo pacto con la casa de Israel y con la casa de Judá. No como el pacto que hice con sus padres el día que tomé su mano para sacarlos de la tierra de Egipto; porque ellos invalidaron mi pacto, aunque fui yo un marido para ellos, dice Jehová. Pero este es el pacto que haré con la casa de Israel después de aquellos días, dice Jehová: Daré mi ley en su mente, y la escribiré en su corazón; y yo seré a ellos por Dios, y ellos me serán por pueblo. Y no enseñará más ninguno a su prójimo, ni ninguno a su hermano, diciendo: Conoce a Jehová; porque todos me conocerán, desde el más pequeño de ellos hasta el más grande, dice Jehová; porque perdonaré la maldad de ellos, y no me acordaré más de su pecado."

Jeremías 31: 31-34 || Hebreos 8:6-13

'La manifestación del Pacto de GRACIA fue progresivamente revelada empezando en el Huerto del Edén después que Adán y Eva pecaron y Dios prometió un redentor (Génesis 3:15), a Abraham su amigo; la promesa de hacer de él una nación grande, trasiego a ello, bendecir a todas las familias de la tierra (Génesis 12:2-3), dicho pacto proviene de los 10 mandamientos dados a Israel en el Monte Sinaí (Éxodo 34:28), y a los creyentes en el Nuevo Pacto (Jeremías 31:31-37) posteriormente, el cual es cumplido en Cristo, cuando leemos en su palabra escrita: *"Asimismo tomó también la copa, después de haber cenado, diciendo: Esta copa es el nuevo pacto en mi sangre; haced esto todas las veces que la bebiereis, en memoria de mí." (1 CORINTIOS 11:25)".*[7]

JESUSCRISTO viene a cumplir la promesa de que os nacería un Salvador, un Redentor, uno que saldaría de una vez por todas nuestras cuentas, nuestras deudas, nuestras ofensas, nuestros pecados, nuestras iniquidades; haciéndolas suyas en la cruz del calvario (calavera o monte de la muerte). Pero cuando Él comienza su ministerio lo hizo anunciándose a sí mismo de su llegada a esta Tierra y propósito por el cual vino; *"Vino a Nazaret, donde se había criado; y en el día de reposo entró en la sinagoga, conforme a su costumbre, y se levantó a leer. Y se le dio el libro del profeta Isaías*[8]*; y habiendo abierto el libro, halló el lugar donde estaba escrito: El Espíritu del Señor está sobre mí, por cuanto me ha ungido para dar buenas nuevas a los pobres; Me ha enviado a sanar a los quebrantados de corazón; A pregonar libertad a los cautivos, y vista a los ciegos; A poner en libertad a los oprimidos;"* LUCAS 4:16-20.

Aun diciendo ÉL MISMO éstas palabras no le creyeron, le rechazaron de su propio pueblo Israel quien hasta hoy sigue esperando un Mesías prometido.

JESÚS confirma el NUEVO PACTO; el Nuevo Testamento. Él representa el ARCA ANTIGUA hecha de madera de acacia, labrada en oro macizo, y los elementos introducidos en ella. Así también el cordero sacrificado delante de Dios sobre su

---

[7] Matt Slick: Presidente y Fundador del Ministerio de Apologética e Investigación Cristiana (MIAPIC).

[8] Verificar también la cita paralela de ISAIAS 61:1-2.

altar para redimirnos de nuestras carnalidades y ser salvos por siempre. Explico cada elemento simbólico del ARCA de la ALIANZA:

Sangre: Derramada del cordero inmolado, esto es, sin mancha alguna, de los primogénitos. Sobre el Propiciatorio. Para limpiarnos de nuestros dolores, angustias y temores. (JUAN 1:29)

Maná: *"Jesús les dijo: Yo Soy el pan de vida; el que a mí viene, nunca tendrá hambre; y el que en mí cree, no tendrá sed jamás"* JUAN 6:35.

Mandamientos: Jesucristo es la Ley misma encarnada. El es la Sagrada Escritura completa. El es el A.T. y N.T. Uno mismo (MATEO 5:17-19). Él es Dios Padre antes de otorgar la Ley a Moisés y después de haber nacido de una virgen (ISAÍAS 7:14). Un solo Dios (JUAN 1:32-33 || 10:30 || 14:9).

Vara de Aarón: Jesús venció a la muerte. Es la reencarnación de entre los muertos. Pero también le fue otorgado por el Padre el Cetro de Justicia para ejercer Juicio sobre las Naciones y los hombres.

Propiciatorio: Sobre éste fue vertida la Sangre de Jesucristo para cubrirnos de todos los pecados cometidos en el pasado, presente y futuro. Los cuales la antigua Ley los evidenciaba.

Aunado podemos concertar en entendimiento pleno que JESUCRISTO se encarnó convirtiéndose en el mediador entre Dios y los hombres (1ª TIMOTEO 2:5-6). Y a su vez recibiésemos vida eterna (HEBREOS 9:15).

Inclusive hubo un hombre en el tiempo de Jesús, llamado Nicodemo, un doctor de la Ley, miembro del sanedrín[9] judío, principal entre los fariseos. Quien escurridizo de noche buscó al Carpintero, (tal vez por vergüenza de preguntar a uno más joven, más sabio, y más humilde que él en estrato social) consternado por los milagros que Emanuel hacía –Jesucristo el Mesías--, pues dichas señales eran signo de que Dios estaba con ÉL. Mas la duda invadía su capacidad intelectual y no le permitía entender estas manifestaciones en un hombre fuera del gremio de los Hijos de Abraham como se consideraban los fariseos. A lo que Rabí (el Maestro) respondió:

"...De cierto, de cierto te digo, que el que no naciere de nuevo, no puede ver el reino de Dios. Nicodemo le dijo: ¿Cómo puede un hombre nacer siendo viejo? ¿Puede acaso entrar por segunda vez en el vientre de su madre, y nacer? Respondió Jesús: De cierto, de cierto te digo, que el que no naciere

---

[9] Asamblea o Consejo de ancianos erguida como la Corte Suprema de la Ley Judía, con la misión de administrar justicia interpretando y aplicando la Torah.

de agua y del Espíritu, no puede entrar en el reino de Dios. Lo que es nacido de la carne, carne es; y lo que es nacido del Espíritu, espíritu[10] es. No te maravilles de que te dije: Os es necesario nacer de nuevo. El viento sopla de donde quiere, y oyes su sonido; mas ni sabes de dónde viene, ni a dónde va; así es todo aquel que es nacido del Espíritu. Respondió Nicodemo y le dijo: ¿Cómo puede hacerse esto? Respondió Jesús y le dijo: ¿Eres tú maestro de Israel, y no sabes esto? De cierto, de cierto te digo, que lo que sabemos hablamos, y lo que hemos visto, testificamos; y no recibís nuestro testimonio. Si os he dicho cosas terrenales, y no creéis, ¿cómo creeréis si os dijere las celestiales? Nadie subió al cielo, sino el que descendió del cielo; el Hijo del Hombre, que está en el cielo. Y como Moisés levantó la serpiente en el desierto, así es necesario que el Hijo del Hombre sea levantado, para que todo aquel que en él cree, no se pierda, mas tenga vida eterna.

De tal manera amó Dios al mundo

[16] Porque de tal manera amó Dios al mundo, que ha dado a su Hijo unigénito, para que todo aquel que en él cree, no se pierda, mas tenga

---

[10] La misma palabra griega significa tanto Viento como Espíritu.

vida eterna. Porque no envió Dios a su Hijo al mundo para condenar al mundo, sino para que el mundo sea salvo por él. El que en él cree, no es condenado; pero el que no cree, ya ha sido condenado, porque no ha creído en el nombre del unigénito Hijo de Dios. Y esta es la condenación: que la luz vino al mundo, y los hombres amaron más las tinieblas que la luz, porque sus obras eran malas. Porque todo aquel que hace lo malo, aborrece la luz y no viene a la luz, para que sus obras no sean reprendidas. Mas el que practica la verdad viene a la luz, para que sea manifiesto que sus obras son hechas en Dios."

Juan 3:3-21.

Otra prueba más del Amor de Dios.

¡Si es que sigue teniendo duda de ella! Busque en la Palabra Divina la Respuesta. Cómo es que Dios Padre durante las eras, etapas, siglos, décadas; ha trazado por <u>dispensaciones de Salvación</u> (períodos de tiempo otorgados al hombre. Durante su pasar temporal por generaciones sobre la tierra, desde su creación hasta nuestros días) el exhortarnos (mejora continua) para buenas obras en la Fe que es Cristo Jesús nuestro. Por medio de su Espíritu de Verdad y Consolación. El cual sigue esperando su venida pronta (GÁLATAS 3:4-6).

"Porque aún un poquito, y el que ha de venir vendrá, y no tardará."

Hebreos 10:37.

No retarde su decisión por Cristo Jesús haciéndole esperar fuera de su hogar mientras él toca a la puerta de su corazón (APOCALIPSIS 3:20). Pues el día de salvación es Hoy (2ª CORINTIOS 6:2b). Amén.

NOTA: *¿Sabías tú? Que JESUCRISTO cumplió 456 profecías anunciadas en todo el VIEJO TESTAMENTO, ¿y dónde quedaron 123...? Tal vez se encripta el significado en que DIOS-PADRE, DIOS-HIJO y DIOS-ESPIRITU conforman esos primeros números, y que los siguientes respaldan que JESUCRISTO es cada uno de ellos como fundamento del NUEVO TESTAMENTO. Es decir 123 para el viejo Y 456 para el nuevo ¿Sabías tú? Que hubo 400 años de silencio en lo que DIOS PADRE (YHVH o YO SOY) NO CONTESTÓ ORACIÓN ALGUNA antes del nacimiento del REY. ¿Será que EL PADRE también quiso poner la muestra AYUNANDO el tiempo necesario antes de entregar al Cordero inmolado para ser sacrificado por nuestros pecados? Y que cuando se ayuna y ora se está en intimidad con EL solamente. Solamente con EL. Recuerda que 1000 años para DIOS son como 1 día.*

IV. 3ª oportunidad

Terrenos de Inversión

1.- Tierra… Tierra… Tierra.

Terrenos de Inversión

TIERRA TIERRA TIERRA

"¡Tierra tierra tierra! Oye palabra de Jehová."

Jeremías 22:29

La acción desesperada de búsqueda de atención siempre es dada por la connotación de repetir una palabra o frase en sentido admirable, con el propósito de que ésta difusión por el medio que sea; tenga una captación impactante e inmediata. Pareciera ser que DIOS está hablando en ésta ocasión como una de sus MILLONESIMAS veces que podemos encontrar en su Santa Palabra. Si tuviésemos el afán y asiduo habito de ser ministrados por ella a través de su lectura y oración; nos daríamos cuenta.

Jeremías, como profeta verdadero, hombre santo; y obediente a la Voz de Dios. Busca difundir las ordenanzas de EL ETERNO para su pueblo y sus reyes de la época. Con desesperación repite una misma palabra tres (3) veces ¡tierra, tierra, tierra! ¿Por qué?... para ello le invito leer todo el capito 22 del libro de JEREMIAS en el Antiguo Testamento de La Biblia. Aquí encontrará claramente que Dios llega a un límite de tolerancia del pecado que dejaron entrar los Reyes de Judá; como lo fue la Idolatría principalmente, apartándose de la senda que Dios había trazado en el Pentateuco –los mandamientos que Dios había ordenado a Moisés escribir—para su pueblo y los planes futuros con él y para él.

Recordemos las personalidades que DIOS toma en sus distintas manifestaciones para con el ser humano, Padre, Hijo y Espíritu Santo. ¡Tierra tierra tierra! Pronuncia el Profeta. En su amor por su pueblo escogido DIOS MISMO grita a sus reyes en advertencia; a éstos líderes de opinión que se detengan arrepintiéndose de su pecado, ¿y cómo lo hace? Analicemos el contexto de éste versículo clave por palabra repetida secuencialmente 3 veces.

Pues 3 son sus personalidades divinas por las cuales DIOS sigue hablando según cada tiempo o era:

1. Tierra. Por medio de sus Mandamientos cuando se le reveló a Moisés (Dios Padre).
2. Tierra. Por medio de su siervo Jeremías a través del (Espíritu Santo) que vive dentro de él.
3. Tierra. Por medio de Jesucristo cuando se hizo hombre y desde la fundación del mundo (Dios Hijo) <<Juan 1:1, Juan 14:10 y 1ª Juan 5:7>>. Recordando que JEHOVA y JESUS son uno mismo.

Con esto se busca aclarar que Dios dejó una Ley aun así envía a su profeta y en un futuro Jesús viene a anunciar lo mismo para el Nuevo Testamento (las nuevas generaciones que somos nosotros pues Jesús todavía no había nacido para ese tiempo) porque toda palabra es edificante para instrucción de vida como ejemplo a tomar en práctica. Además no que sean 3 dioses sino que Dios siempre ha sido propio para cada época de enviarnos mensajes propios a cada tiempo para prevención de nuestra salvación de acuerdo al entendimiento y propósito que El mismo tiene para cada era y cada generación.

Ahora coloquemos la segunda frase "oye palabra de Jehová" luego de la palabra TIERRA y repitamos esto tres veces.

TIERRA. OYE PALABRA DE JEHOVÁ

TIERRA. OYE PALABRA DE JEHOVÁ

TIERRA. OYE PALABRA DE JEHOVÁ

En conjunto nos damos cuenta que la segunda frase o –palabra bíblica— *(oye palabra de Jehová)* es una ORDENANZA que debe ser ACATADA. Como cuando un Padre se Enoja con su Hijo. Como cuando un Jefe se Molesta con uno de sus empleados. Como cuando un Oficial militar advierte a uno de sus soldados subordinados a su mando.

El tiempo se acaba. El tiempo es factor clave en la vida del ser humano. DIOS ESTÁ HABLANDO TODAVIA en nuestros días. No desaproveches tu tiempo.

Hombre y mujer. Oye Palabra de Jehová.

Hombre y mujer. TU ERES LA TIERRA en donde Dios mismo quiere habitar. En donde Jesucristo quiere germinar como Semilla. Donde su Espíritu de Verdad quiere minar y crecer para hacerte madurar en sus planes y propósitos eternos.

"El que tiene oídos para oír, oiga" (Mateo 13:9). OIR ES OBEDECER. Y el desobediente se vuelve necio y el necio recibe mala paga.

Recibe Hoy a Cristo en tu Corazón y así recibirás Su palabra de Verdad y entonces OIRAS DE ELLA cada vez que la Voz de Dios te hable día tras día, por medio de su Iluminación a través de la lectura y la oración (Salmo 119:105). Amén.

2.- El sembrador salió a sembrar…

Terrenos de Inversión

EL SEMBRADOR SALIO A SEMBRAR...

"Aquel día salió Jesús de la casa y se sentó junto al mar.² Y se le juntó mucha gente; y entrando él en la barca, se sentó, y toda la gente estaba en la playa.³ Y les habló muchas cosas por parábolas, diciendo: He aquí, el sembrador salió a sembrar.⁴ Y mientras sembraba, parte de la semilla cayó junto al camino; y vinieron las aves y la comieron.⁵ Parte cayó en pedregales, donde no había mucha tierra; y brotó pronto, porque no tenía profundidad de tierra;⁶ pero salido el sol, se quemó; y porque no tenía raíz, se secó.⁷ Y parte cayó entre espinos; y los espinos crecieron, y la ahogaron.⁸ Pero parte cayó en buena tierra, y dio fruto, cuál a ciento, cuál a sesenta, y cuál a treinta por uno. ⁹ El que tiene oídos para oír, oiga." (MATEO 13:1-9)

Es interesante poner cuidado con meticuloso detenimiento, como el Sr. Jesucristo hizo énfasis en los tipos de terrenos en ésta parábola.

Solo esta enseñanza metafórica nos comparte de la mismísima condición del Ser Humano para OIR o NO oír, para VER o NO ver, --según sus propias decisiones-;- una condición que puede definir por completo el rumbo de nuestra eternidad. Para bien o para mal. Para bendición o para condenación. He aquí la explicación.

El Sr. Jesucristo viene a ser quien desempeña el papel del SEMBRADOR y la semilla es la palabra de DIOS, es decir las buenas nuevas de salvación –el evangelio--. Lo podemos corroborar mas delante en el mismo libro de Mateo capitulo 13 versículos del 18 al 23. Donde el RABÍ el mismo JESUS, explica la parábola a sus discípulos. Poniéndose como ejemplo ÉL mismo como <<El Sembrador>>. Considerando 4 diferentes tipos de tierra; las cuales vienen a representar los Corazones de las gentes. La enseñanza de ésta parábola es mostrarnos a sus hijos, cómo es que… No todo mundo quiere o está interesado en la Palabra de Dios. Es decir, que no todos serán salvos. Hay quienes le piden no ser molestado recibiendo de ésa palabra de verdad, diciéndole ¡déjeme en paz! --Si realmente quisieran paz oirían al Señor del Universo--.

No todos quieren ir al cielo. La gente va al infierno porque quiere. Pero para que quede más claro; seccionaremos la parábola completa en:

> 4 TIPOS DE TERRENOS de acuerdo a los estudios impartidos por un buen Siervo de Dios el hermano y Pastor Abraham Peña de la Iglesia Filadelfia. A quien honro por su santa manera de vivir y apasionada forma de comunicar la Verdad (que es Cristo Jesús) hacia otros pueblos y dentro de su natal Colombia. Ponga mucha atención.

2.1- El Terreno Junto al Camino

Terrenos de Inversión

EL T. JUNTO AL CAMINO

Primer terreno: *"⁴ Y mientras sembraba, parte de la semilla cayó junto al camino; y vinieron las aves y la comieron."*

a) *EL CIEGO ESPIRITUAL*

Que importante es masticar con sumo cuidado la Palabra de Dios e invocar al Espíritu Santo para que nos muestre revelación de lo que nos quiere decir.

La Biblia viene a ser un comunicado del evangelio de lo que Dios quiere hacer con nuestras vidas, y volviendo al tema en cuestión. La semilla representa esas buenas noticias de Salvación. Pero la TIERRA JUNTO AL CAMINO ha sido tan pisoteada. Ha sido tan aplanada. Ha sido tan lastimada por las personas, por los hechos y por el entorno donde sucede. Que es imposible que la semilla pueda germinar. Porque el pecado de éste mundo tiene esta tierra haciendo que rebote la semilla por su dureza. Entonces el maligno viene y arrebata esa semilla no dejando que sea entendida y fácilmente olvidada por éste tipo de personas.

Estas personas son aquellas que usted les predica por el trascender de los años y nunca se convierten. Pasan los años y Dios envía a sus vidas: familiares, amigos, extraños; que predican del evangelio de Salvación, pero ellos se mantienen Rebeldes. La Misericordia del Padre continúa anunciándoles el camino de justicia por otros medios como la radio, la televisión, la música, campañas evangélicas; folletos, hechos sobrenaturales; tales como milagros, terremotos, tsunamis… Y su corazón sigue siendo de piedra. Recuerda a Faraón de Egipto cuando Moisés le presentó lo que JEHOVÁ podía hacer enviando plagas a su nación. Pero con todo esto solamente se endurecía más y más. No cabe duda que no hay más Sordo que el que No Quiere Oír. Ni mas Ciego que el que No Quiere Ver. Le invito a verificarlo en los versículos 10 al 15 del mismo capítulo 13 de MATEO. Confirmamos en éste último versículo que fue porque cerraron (ellos) sus ojos. Es más fácil convertir a Balan que a éstas personas.

b) EL RELIGIOSO

Son gente de la cual usted le testifica y predica con las Sagradas Escrituras mostrándole citas textuales que advierten sobre la Idolatría, sobre las costumbres paganas, sobre todo aquello que hace enardecer el corazón de Dios pues EL es Celoso. Citas como:

- Deuteronomio 5:8 ‖ Adoración de imágenes. Oración por las almas de los muertos. Rezar a las estatuas.
- Éxodo 20 ‖ Dios aborrece las imágenes.
- Levítico 19 ‖ El pecado de la idolatría lleva al Seol.
- 1ª Corintios 6 ‖ Los hechiceros, fornicarios e idolatras no entrarán en el Reino de los Cielos.

Le parece que alguna vez ha conocido esta gente que dice a usted y a sí mismo "En la religión de mis padres nací, crecí y moriré". Oiga que tremendo es observar y oír a una persona tan necia y testaruda que sin darse cuenta ha profesado sobre sí maldición. Que prefiriendo seguir tradiciones y costumbres Cierra sus Ojos y sus Oídos a la VERDAD. Pues su corazón lo han tapado, lo han bloqueado. En la misma escritura lo vemos como ejemplo en el libro de HECHOS capítulo 7 <<la Defensa y muerte de Esteban>> más específicamente en los versículos 56 y 57. Cuando el primer mártir Esteban dijo: *"He aquí, veo los cielos abiertos, y al Hijo del Hombre que está a la diestra del Padre. Entonces ellos (los fariseos), dando grandes voces, se taparon los oídos, y arremetieron a una contra él."*

Aun en los tiempos de hoy como en los del Sr. Jesús hay religiosos así como los fariseos, sin importar RAZA, CREDO o DENOMINACIÓN DOCTRINAL. Repito. No hay más Sordo que el que No Quiere Oír. Ni mas Ciego que el que No Quiere Ver.

Recuerda usted de la historia y vida de Martin Lutero; un sacerdote católico romano y "apostólico"; de origen alemán. Que al leer la Epístola del Apóstol Pablo a los Romanos capitulo 1 versículo 18; él entendió que somos salvos por FE, no por obras. El comenzó para ese tiempo la Reforma Luterana en la ciudad de Wittenberg, Alemania. Para 1517 escribió 95 tesis o protestas contra la Iglesia Católica; las cuales clavó en la puerta de la Catedral de la misma ciudad. El 31 de octubre de 1517. Luego de esto fue perseguido por la misma Iglesia Católica y fue forzado a negar cada una de esas protestas pero no lo hizo así ¡Nunca se retracto! Causando revueltas contra el Papado. Enseñando el Evangelio verdadero ¡Somos salvos por Fe! No por Obras ¡Somos salvos por Gracia como un Don! No porque lo merezcamos. Esto le llevo a crear la Iglesia Protestante; la iglesia que No comulga con las imágenes, la iglesia que cree en un Dios Vivo; no un dios que está clavado en un madero. Sino aquel que Resucitó y venció a la Muerte. Amén.

c) EL BURLADOR

El terreno junto al camino representa a las personas que rechazan el Evangelio de Cristo y como si fuera poco se burlan del mismo Dios. En <u>Segunda de Pedro capitulo 3 versículo 3 y 4</u> dice: *"... En los postreros días vendrán burladores, andando según sus propias concupiscencias (exceso de deseos no gratos a Dios), y diciendo: ¿dónde está la promesa de su advenimiento? Porque desde el día en que los padres durmieron, todas las cosas permanecen así como desde el principio de la creación."*

Son personas que se mofan, ignorando toda palabra de Dios, diciendo ¿dónde está Jesucristo (la promesa de la cual habla el apóstol Pedro)? No le conozco; cuestionando si realmente existió. ---Jesús dijo que vendría y no ha venido---. Retadores contra Dios; como en los tiempos de Noé. Personas que prefieren más el pecado en el que están que arrepentirse ¿Será que usted ha escuchado a alguno de ellos BOCIFERAR así contra Dios?

d) EL IMPENITENTE

El terreno junto al camino representa a las personas que prefieren ir al Infierno antes que abandonar su condición de pecadores. En el libro de Juan 3:18 y 19 se nos dice: *"El que en él cree (JESUCRISTO), no es condenado; pero el que no cree, ya ha sido condenado, porque no ha creído en el nombre del unigénito Hijo de Dios. Y esta es la condenación: que la luz vino al mundo, y los hombres amaron más las tinieblas que la luz, porque sus obras eran malas."*

Ser impenitente es aquel que sin pena peca, sin vergüenza se enorgullece de sus pecados. Lo confirmamos en la Epístola del Apóstol Pablo a la Iglesia de Corinto en el capítulo 6:9,10 de la 1er Carta a los Corintios… *"¿No sabéis que los injustos no heredarán el reino de Dios? No erréis; ni los fornicarios, ni los idólatras, ni los adúlteros, ni los afeminados, ni los que se echan con varones, ni los ladrones, ni los avaros, ni los borrachos, ni los maldicientes, ni los estafadores, heredarán el reino de Dios."*

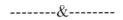

2.2- El Terreno Pedregoso

Terrenos de Inversión

EL T. PEDREGOSO

Segundo terreno: *"⁵ Parte <u>cayó en pedregales</u>, donde no había mucha tierra; y brotó pronto, porque no tenía profundidad de tierra; ⁶pero salido el sol, se quemó; y porque no tenía raíz, se secó."*

a) EL CÓMODO

En la explicación del Maestro Jesús en el libro de Mateo 13 versículos 20 y 2; leemos cuando dijo: *"Y el que fue sembrado en pedregales, éste es el que oye la palabra, al momento la recibe con gozo; pero no tiene raíz en sí, sino que es de corta duración, pues al venir la aflicción o la persecución por causa de la palabra, luego tropieza."* Podemos recordar que durante nuestras vidas convivimos con mucha gente de las cuales les hemos compartido de Dios. Lo más interesante es que le han oído y según parece ser también le han aceptado en sus vidas. Pero al paso de pocos días, semanas, meses o cortos años. Los tales regresan al mundo y lo que el ofrece.

Creo comprenderle hermano y lector. En lo personal me he afligido por causa de aquellos que creí ya hubiesen sido parte del plan divino de la salvación en sus corazones. Pero con el paso de los años entendí que NO TODOS SERÁN SALVOS.

Estas son las personas que vienen a los pies de Cristo por primera vez; que son quebrantadas, que lloran y viven una Conversión Emocional, situacional y momentánea. Que durante el transcurso de los días los llamamos hermanos. Que cargan la Biblia bajo el brazo y cambian su manera de vestir. Inclusive hacen una revolución de cambios. Sin embargo el ausentismo se hace presente y de pronto les encontramos nuevamente por la calle. Y la primera pregunta que se viene a la mente para hacerle es ¿dónde has estado hermano? Ya no te hemos visto por la iglesia. A lo que ellos responden; que eso no es para ellos. Que han encontrado otro medio que les puede ayudar más en sus problemas. "Uno mejor" --¡Ellos dicen!

Los medios a los que ellos se refieren son: otra religión QUE NO SALVA. Filosofías humanas QUE NO SALVAN TAMPOCO. Hablan de métodos supuestamente más eficaces para salir de sus adicciones, de sus traumas, de sus problemas.

La gran verdad es que han desechado al Hijo de Dios mostrando abiertamente que tenían una fe muerta. Puesto que la verdadera FE se Deposita en Dios ciegamente; creyendo que para EL todo es posible.

Estos han preferido volver al mundo puesto que la presión de ser señalados les ha pesado sobre ellos. Buscan ir a la iglesia para oír lo que quieren oír. Será que esto se parece a algo que el Sr. Jesús ya había profetizado que vendría. <<La Iglesia Apóstata>>. Ellos buscan sermones que les hablen de prosperidad, que les hablen de un Dios que perdona todo. En la televisión se predica mucho de ése Evangelio; el evangelio de la riqueza. La más clara explicación para uno de éstos COMODOS la encontramos en *LUCAS 9:57* "*Yendo ellos, uno le dijo en el camino: Señor, te seguiré a dondequiera que vayas. Y le dijo*

Jesús: las zorras tienen guaridas, y las aves de los cielos nidos; más el Hijo del Hombre no tiene dónde recostar la cabeza."

Cristo le habló con dureza a este hombre, porque estaba buscando el milagro, lo fácil, lo rápido, lo sencillo.

Mas el evangelio verdadero lo leemos así: *"Si alguno quiere venir en pos de mí, NIÉGUESE a sí mismo, y tome su cruz, y sígame". MATEO 16:24.*

- NEGARSE es la clave del <u>hacedor de la Palabra de Dios</u>, negarse al viejo hombre, a la vieja manera de vivir, al pecado, al amor al dinero, a los placeres del mundo, negarse al orgullo y al egoísmo.
- TOMAR LA CRUZ representa soportar las burlas, ser señalado, llevar la cruz de ser rechazado, la cruz de la persecución y la angustia. Aguantar las críticas.
- Así y solamente así; cumpliremos con SEGUIRLE.

b) EL OIDOR DE LA PALABRA

Hay personas que escuchan la Palabra pero JAMÁS la ponen en práctica. Calentar una banca o una silla es lo más común en ésta gente. Con una membrecía de años en el templo pero que nunca han sembrado, menos, el cosechar frutos. Gente que se emociona, que se alegra, que se entretiene; con la forma de predicar de algunos Siervos de Dios, que ensalzan a los hombres y no la Palabra que sale de su Boca. Que conforme a sus creencias y pensamientos, no reciben la voz del Espíritu para hacer su voluntad. De nada sirve asistir a un templo donde un verdadero Siervo de Dios comparte Evangelio de Sana Doctrina si la gente no cambia, si la gente es mera oidora pero no se arrepiente y no pone por obra lo que Dios dice;... *"porque no son los oidores de la ley los justos ante Dios, sino los hacedores de la ley serán justificados."* ROMANOS 2:13.

El profeta **EZEQUIEL** lo muestra en el capítulo **33** de los versículos 30, 31, 32 y **33**. Relatando el comportamiento del pueblo cuando se juntaba para oírle por gusto, por vanidad, por una mera conveniencia de parloteos y halagos lisonjeros causa de su elocuencia al hablar. Pero no para asimilar la voz de Dios y ponerla por obra. Y con advertencia de que tuvieron tiempo para Agradar a Dios y no lo hicieron ¡Mi hermano(a)! ¡Dios también tiene límites! Por tanto le exhorto a leer el capítulo 33 a manera de contexto para comprender mejor el mensaje de Dios para nuestros tiempos.

Ponga cuidada a ésta cita textual: *"Pero cuando ello viniere (y viene ya)[11], sabrán que hubo profeta entre ellos."* ***EZEQUIEL 33:33***.

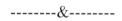

----

[11] Aquí hace referencia a El Arrebatamiento, El Rapto de la Iglesia. La profecía más esperada de todos los tiempos por el Espíritu Santo y la Novia de Cristo (el pueblo de Dios).

2.3- El Terreno Espinoso

Terrenos de Inversión

EL T. ESPINOSO

Tercer terreno: *"⁷ Y parte cayó entre espinos; y los espinos crecieron, y la ahogaron."*

> *"El que fue sembrado entre espinos, éste es el que oye la palabra, pero el afán de este siglo y el engaño de las riquezas ahogan la palabra, y se hace infructuosa."*
>
> *Mateo 13:22*

Ejemplo: Hay personas que tienen negocios donde les es más fructífero abrir en día domingo en lugar de dedicarle tiempo a lo que Dios quiere decirles para su vida. Para ellos equivale a un día más para producir riqueza material en lugar de producir en ellos riqueza espiritual. Otro ejemplo: El que el domingo lo utiliza para visitar su finca porque tiene que ir a vacunar a las vacas; para él es más importante ver cómo está el ganado que oír el mensaje de Dios.

Aclaro que el domingo no es día exclusivo de alabanza para el Señor solamente. Pues conocemos que todos los días son de El Señor. Sino porque es un día especial de la semana para alabar su nombre en familia con los demás hijos del cuerpo de Cristo. Un día especial para recibir alimento de parte de Dios Padre por medio de su Siervo el pastor o ministro encargado del rebaño eclesiástico. Un día para congraciarnos en unidad de alabanza, adoración, predicación, testimonio y oración colectiva.

a) EL MATERIALISTA

El terreno espinoso representa a las personas que escuchan la Palabra, pero su amor por las cosas materiales las aleja de Dios para siempre.

> "...Vino a Jesús uno corriendo, e hincando la rodilla delante de él, le preguntó: Maestro bueno ¿Qué haré para heredar la vida eterna?"
> MARCOS 10:17

La parábola del joven rico (Marcos 10:17-31) es uno de los ejemplos más evidentes de que las riquezas crean en el hombre arrogancia, fanfarronería, prepotencia y la independiente autosuficiencia nefasta del hombre de creer que no necesita de Dios. "Éste rico creía que la vida eterna también era posible comprarse". Sin embargo la prueba que Dios le puso fue la necesaria para saber dónde había depositado su amor. El hincar la rodilla para detener su camino, además de enorgullecerse de cumplir con todos los mandamientos que el Hijo de Dios citaba mientras éste varón arrogante era cuestionado; no bastaron para satisfacer la voluntad del que se hizo siervo a sí mismo a favor de los hombres y ganar la vida eterna. Que siendo Rey del cielo dejó de serlo para hacerse morir por nosotros. Mismo ejemplo que le demandó (darse a sí mismo en servicio a Dios y su voluntad conforme a tus talentos, dones y capacidades) el Maestro a éste rico para probar su amor por los demás como lo haría pronto tiempo después el mismo Mesías en un madero.

El Señor Jesús fue duro con éste hombre puesto que era orgulloso. Ya que creía que el cielo era un producto más del mercado y su oferta. El Dinero NO Compra El Cielo Hermano(a). El Dinero NO Te Salva Iglesia. ¡¡EL DINERO NO COMPRA EL CIELO!!

b) EL IDOLATRA

Éste tipo de terreno representa a las personas que amando las cosas de este mundo terminan perdiendo su alma.

> *"Porque los que quieren enriquecerse caen en tentación y lazo, y en muchas codicias necias y dañosas, que hunden a los hombres en destrucción y perdición; porque raíz de todos los males es el amor al dinero, el cual codiciando algunos, se extraviaron de la fe, y fueron traspasados de muchos dolores."* 1ª TIMOTEO 6:9-10

Verá que hay personas que acumulan riquezas, asisten a la iglesia pero nunca se acuerdan de Dios (NO DIEZMAN NO OFRENDAN), que ahorran tanto y contemplan su dinero, sus bienes, sus propiedades. Y no lo usan. Cuando mueren lo disfrutan otros malgastándolo. Muchas veces no lo heredan ni a sus propios hijos. Se separan del conyugue porque su veneración por los bienes acumulados es tal que los aparte del amor por los demás. Mueren adorando su dinero creyendo que eso los salvará de lo que ha de venir, perdiendo su fe en Dios y depositándola en su plata. Perdiendo así la vida eterna.

c) *EL CODICIOSO*

El terreno espinoso representa a la gente que piensa que las cosas materiales durarán para siempre.

Lucas 12:13-21 nos relata que también Jesús habló de un RICO INSENTATO. Un hombre que por heredad produciendo mucho decidió derrumbar sus graneros para edificarlos más grandes, y saciarse de ellos todos los días de su existir. Sin embargo Dios reclamaría su alma por la noche para que rindiese cuentas delante de su Juicio Eterno.

La parábola que muestra Jesús demuestra el egoísmo humano de cada uno de nosotros, pensando solamente en el yo interno.

Ha notado que la persona codiciosa piensa que va a vivir eternamente. Quiere más cada día. Sus empresas producen cientos, miles, millones diarios. Ellos no descansan sino en seguir abriendo empresas/negocios.

Leamos como nos lo dice el sabio Salomón:

> *"Así mismo aborrecí todo mi trabajo que había hecho debajo del sol, el cual tendré que dejar a otro que vendrá después de mí. Y ¿quién sabe si será sabio o necio el que se enseñoreará de todo mi trabajo en que yo me afané y en que ocupé debajo del sol mi sabiduría? Esto también es vanidad.*
> *ECLESIASTÉS 2:19*

De qué sirve amontonar tanto, si el que viene después de mí tal vez lo despilfarre. De ahí que Jesucristo nos exhorte a hacer tesoros en los cielos y no en la tierra.

¿Quiere conocer el Banco del Cielo? Las almas mi hermano, la obra de Dios, el indigente, el huérfano, la viuda, las misiones que la iglesia debe sustentar; para que muchos más tengan donde congregarse y reciban sustento de la palabra de Dios de aquellos misioneros llamados a predicarla en amor por los perdidos en éste mundo de aflicciones.

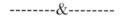

2.4- El Buen Terreno

Terrenos de Inversión

EL BUEN TERRENO

Cuarto terreno: *"⁸ Pero parte cayó en buena tierra, y dio fruto, cuál a ciento, cuál a sesenta, y cuál a treinta por uno. ⁹ El que tiene oídos para oír, oiga."*

> *"Mas el que fue sembrado en buena tierra, éste es el que oye y entiende la palabra, y da fruto; y produce a ciento, a sesenta, y a treinta por uno."*
>
> *Mateo 13:23*

a) EL VERDADERO CREYENTE

Un buen terreno son aquellas personas que reciben la palabra para su salvación.

> "El que tiene mis mandamientos, y los guarda, ése es el que me ama; y el que me ama, será amado por mi Padre, y yo le amaré, y me manifestaré a él." *JUAN 14:21*

Siguiendo la lectura más delante en el versículo 22 de JUAN 14; Judas (no el Iscariote); preguntó que quería decir Jesucristo con manifestase a ellos y no al mundo.

Esto se asemeja al pasaje en donde *"Nicodemo le dijo: ¿Cómo puede un hombre nacer siendo viejo? ¿Puede acaso entrar por segunda vez en el vientre de su madre, y nacer?" (JUAN 3:4).* Es decir, Judas no comprendía que Jesús se volvería a manifestar luego de la resurrección por medio de su presencia pero también por medio del Espíritu Santo.

"Respondió Jesús y le dijo; El que me ama, mi palabra guardará; y mi Padre le amará, y vendremos a él, y haremos morada con él." JUAN 14:23.

Vea como Dios es Uno en tres personas. <<Cuando una persona acepta a Jesucristo. Acepta también al Padre. Y recibe al Espíritu de Dios en su corazón. *"Pero el Consolador, el Espíritu Santo, a quien el Padre enviará en mi nombre, El os enseñará todas las cosas, y os recordará todo lo que os he dicho." (JUAN 14:2).*

b) EL ESPIRITUAL

El buen terreno representa a las personas que están siendo transformadas por el poder de Dios.

"Porque el Señor es el Espíritu; y donde está el Espíritu del Señor, allí hay libertad. Por tanto, nosotros todos, mirando la gloria del Señor, somos transformados de gloria en gloria en la misma imagen, como por el Espíritu del Señor."
2ª CORINTIOS 3:17-18

La persona espiritual todos los días es renovada. Por el Espíritu de Dios recibimos cambio. ¡Hoy no soy el mismo de hace 10 años! ¿Pero cómo lo hace? Respuesta. Por el espejo de la Palabra de Dios. Por medio de la Biblia.

Cito un ejemplo: Cuando una mujer se levanta por la mañana. Amanece un poquito diferente…Presto a ello pronto toma una ducha y cuando sale… ¡¿Nadie le conoce!? Porque sale con una toalla enrollada y gigante que es como un ponqué[12]. Y lo primero que coge es un espejo. Entonces se da la magia de la transformación. Algo extraordinario sucede. Pues la hermana fue CAMBIADA. Porque se estaba mirando en el Espejo. ¡Haz lo mismo espiritualmente Mirándote en el Espejo de Dios!

c) EL HACEDOR DE LA PALABRA

La buena tierra también representa las personas que ponen en práctica la Palabra de Dios.

La parábola del sembrador nos dice que la buena tierra dio fruto, Pablo nos relata a continuación los frutos del verdadero cristiano.

> *"Mas el fruto del Espíritu es amor, gozo, paz, paciencia, benignidad, bondad, fe, mansedumbre, templanza; contra tales cosas no hay ley."*
> *GÁLATAS 5:22*

Así que es muy fácil saber si tu eres buena tierra hermano. ¿Quiere saber cómo?

---

[12] Torta, tarta o pastel esponjoso confeccionado con harina, huevos, manteca y azúcar. Término usado en los países sudamericanos de Venezuela y Colombia.

Eres una persona de amor de gozo y de paz. En tu casa respira paz tu hogar. Salen buenas palabras de tu boca amigo. Hablas bien cuando te diriges a tu hermano en Cristo, a tus padres, a tus amigos, a tu esposa e hijo(s). O en tu casa lo único que reina es la vulgaridad. Las palabras groseras y obscenas. Arrebatos violentos. Maldiciones. ¡Eso demostrara cuan espiritual eres!, demostrará si eres cristiano de buena tierra o un mero asistente a la Iglesia.

Ama usted a su esposo hermana o le mira feo con desprecio. Es usted bondadoso, benigno. Practica la paciencia. Hace el bien a la gente. Todo esto obrará en darnos cuenta si somos del Espíritu. Eres una persona de Fe. Eres manso. Véase usted mismo en el espejo para darse cuenta si se ha vuelto un veraz cristiano.

d) *EL HIJO DE DIOS*

La buena tierra representa a los ciudadanos celestiales, es decir, a los verdaderos hijos de Dios.

A los verdaderos creyentes la Santa Palabra del Altísimo les dice:

> *"Mas nuestra ciudadanía está en los cielos, de donde también esperamos al Salvador, al Señor Jesucristo; el cual transformará el cuerpo de la humillación nuestra, para que sea semejante al cuerpo de la gloria suya, por el poder con el*

cual puede también sujetar a sí mismo todas las cosas" FILIPENSES 3:20-21

Así que hermanos cristianos: <u>verdaderos creyentes, hombres y mujeres espirituales, hermanos hacedores de la palabra</u> *"... ya no sois extranjeros ni advenedizos, sino conciudadanos de los santos, y miembros de la familia de Dios,"* (EFESIOS 2:19).

Trabaja con tus capacidades hermano, con esos dones que Dios te dio, no los guardes, más bien; Multiplícalos a 30 a 60 ó 100 por 1: para honra y gloria de Dios. Y cuando Él venga recibas corona y galardón grande. Amén.

V. SIN oportunidad

Seol || Hades || Gehena

El Tormento Eterno

Seol || Hades || Gehena

EL TORMENTO ETERNO

"Entonces dirá también a los de la izquierda: Apartaos de mí, malditos, al fuego eterno preparado para el diablo y sus ángeles. Porque tuve hambre, y no me disteis de comer; tuve sed, y no me disteis de beber; fui forastero, y no me recogisteis; estuve desnudo, y no me cubristeis; enfermo, y en la cárcel, y no me visitasteis... E irán éstos al castigo eterno, y los justos a la vida eterna."

Mateo 25:41-43, 46

El infierno no fue preparado para el hombre sino para el Diablo y sus demonios (JUDAS 6 ‖ LUCAS 8:27-33). Los estudiosos y eruditos de la Palabra de Dios, mencionan una estadística porcentual de que Jesús habló en sus parábolas sobre el infierno en un 70% de contenido.

Los mensajes que van más allá de un significado literario, son lo que el Maestro nos deja entre líneas, deseando que seamos nosotros quienes descubramos el verdadero significado de sus enseñanzas. Pues se confirma que el autoestudio y autoaprendizaje de cada enseñanza lleva a discernir la verdad por encima del 95% de nuestra capacidad cerebral (científicamente comprobado) cuando nosotros mismos desempeñamos más investigación por encima de la provista, es decir que no debemos conformarnos con lo leído o adquirido sino asegurar la confirmación de que lo que fue dicho sea VERDAD. Con fundamento histórico, científico, hermenéutico, etimológico, sociológico y/o arqueológico.

Amado(a) lector(a). El infierno es una realidad. Y está ahí esperando por los ingratos, blasfemos, injuriosos e indiferentes con los planes del Divino Señor y su Espíritu Santo, quien es presto al servicio de nosotros con toda humildad. Esperando que nosotros le correspondamos de igual manera al momento de obedecerle.

Por citar solo un ejemplo: El libro de NÚMEROS cap. 16 nos relata la historia de un hombre que **envidió** el puesto o cargo de otro hombre en medio de la congregación israelita. Su nombre fue *Coré*, él y toda su familia, junto con otros amigos suyos murmuraron contra Moisés y la decisión de Dios de colocar a Aarón; como Sacerdote que oficie los holocaustos para Jehová dentro del Tabernáculo; durante su travesía por el desierto rumbo a la Tierra Prometida. Ésta rebelión le costó a *Coré* y todos sus seguidores. Pues el versículo 33 lo relata así *"Y ellos, con todo lo que tenían, descendieron vivos al Seol, y los cubrió la tierra, y perecieron de en medio de la congregación.* (NUMEROS 16:33).

La palabra de Dios también provee diversos nombres que caracterizan a éste lugar como un sitio horripilante ¡¡¡NO DESEADO A NADIE!!! Tales como:

Abadón ‖ **Hades** ‖ Hinom ‖ **Seol** ‖ Gehena ‖ **Eterna Perdición** ‖ **Infierno** ‖ Horno de Fuego ‖ **Las Tinieblas** ‖ Tormento Eterno ‖ Perdición ‖

Llamas Eternas || El Gusano que **Nunca Muere** || **Destino de** los Pecadores || **Pozo de Ruido** || Vergüenza Eterna || Fuego que **Nunca se Apaga** || Lugar del **Lloro y Crujir** de Dientes.

Es menester conocer y entender bíblicamente dichos nombres o imágenes con el cual se representa a éste lugar de castigo eterno:

Abadón. Del hebreo Abaddon *'destrucción'* || *'perdición'* o *'ruina'*. En griego *'Apolión'*. Nombre asignado al Destructor, al ángel-príncipe del infierno, el ministro de la muerte y autor del caos en la tierra. Pero también denominado como la morada donde están los muertos. *"El Seol y el Abadón nunca se sacian; así los ojos del hombre nunca están satisfechos."* (PROVERBIOS 27:20). Lugar de destrucción (JOB 26:6 | 31:12 | PROV. 15:11). Abismo (APOCALIPSIS 9:11).

Hades. Del griego *'Haidés'* que significa el *'invisible'*, dios del inframundo. Morada a donde parten los muertos luego de ésta vida terrenal. También se conoce como los 'poderes de la muerte'. *"Y en el Hades alzó sus ojos, estando en tormentos, y vio de lejos a Abraham, y a Lázaro en su seno"* (LUCAS 16:23).

Hinom|| Gehena. Nombre atribuido a un valle donde se hacían sacrificios humanos al dios Moloc durante el reinado de Acaz y posterior a ello durante el reinado de Manasés

(2ª CRONICAS 28:1-3 || 33:1-9). Después del año 638 a. C. este nombre fue utilizado para designar un basurero magno donde incinerar los desperdicios; dicho lugar siempre permanecía encendido en llamas en las afueras de Jerusalén.

Seol. Lugar de las almas rebeldes olvidadas. Una morada común que constituiría la región de los muertos en pecado, una tierra de sombras habitadas por quienes perecieron sin creer en Jesucristo. *'Sheol'* –en hebreo-- no se refiere a una sepultura individual del cuerpo físico o una tumba individual. *"Los malos serán trasladados al Seol, todas las gentes que se olvidan de Dios"* (SALMOS 9:17). *"Que la muerte les sorprenda; desciendan vivos al Seol, porque hay maldades en sus moradas, en medio de ellos."* (SALMOS 55:15).

Infierno. Lugar inferior, bajo la tierra. También comparado con el Gehena o valle de Hinom. Lugar de fuego eterno y donde el gusano no muere. *"Si tu mano te fuere ocasión de caer, córtala; mejor te es entrar en la vida manco, que teniendo dos manos ir al infierno, al fuego que no puede ser apagado, donde el gusano de ellos no muere, y el fuego nunca se apaga"* (MARCOS 9:43-44)

Algunas otras citas de consulta para corroborar que lo que se predica por medio de la Biblia… están en:

MATEO 3:12 || MATEO 13:50 || ISAIAS 33:14 || MARCOS 9:48 || DANIEL 12:2 || MATEO 7:13 || MATEO 13:41 || MATEO 22:13

|| MATEO 25:46 || MARCOS 9:46 || 2ª TESALONICENSES 1:9 || ISAIAS 14:11 || ISAIAS 66:24 || JUDAS 7 || APOCALIPSIS 20:10-15 || APOCALIPSIS 14:11 || APOCALIPSIS 21:8 || NUMEROS 16:30.

También el precioso Hijo de Dios nos relata la historia de un mendigo y un rico. Nótese que digo mendigo no con el acento en la (é), tal vez éste calificativo podríamos ponérselo al segundo personaje por no ser generoso con el pobre Lázaro… En el libro de LUCAS 16 vers. 19 al 31 se nos habla que el rico vestía finamente y hacía fiestas con esplendidez en el día a día. Sin embargo el pordiosero de Lázaro lleno de llagas ansiaba saciarse. Inclusive venían los perros y lamían sus llagas. Dicho pobre yacía siempre a la puerta de la casa del rico. Y ¿qué hay siempre cerca en el frente de cada hogar?… Un cesto de basura. ¿Será acaso qué, dicho mendigo por ello se situaba siempre a la orilla de la puerta de ésta casa bien provista?

La hora de dar cuentas a Dios se les llegó a los dos y el rico fue lanzado al Hades, de donde alzó sus ojos, y estando en tormento divisó a Lázaro en el seno de Abraham[13]. *"Entonces él, dando voces, dijo: Padre Abraham, ten misericordia de*

---

[13] Seno de Abraham: Lugar que estuvo situado en el centro de la tierra donde los que esperaron la promesa de un Salvador a. de C. ahí moraron hasta que Cristo murió y les visitó para revelarles la promesa cumplida. Éste sitio era separado del Hades por una Sima o Abismo profundo y ancho para que ningún alma pudiese pasar de un lado a otro. Desapareció y fue llevado al Tercer Cielo luego de que Jesucristo le visitase como confirma EFESIOS 4:8 y SALMOS 68:18.

mí, y envía a Lázaro para que moje la punta de su dedo en agua, y refresque mi lengua; porque estoy atormentado en esta llama. Pero Abraham le dijo: Hijo, acuérdate que recibiste tus bienes en tu vida, y Lázaro también males; pero ahora éste es consolado aquí, y tú atormentado" (LUCAS 16:24-25).

Luego continúa el Rico insistiendo que sea enviado Lázaro a la casa de su padre para advertirles de éste lugar tormentoso, porque cinco hermanos más siguen con vida. A lo que Abraham --el conocidísimo 'Padre de la Fe'-- responde en el versículo 29 *"...A Moisés y a los profetas tienen; óiganlos."* (LUCAS 16:29).

Aclaro el punto, no por ser rico se va al infierno, ni por ser pobre se llega al cielo. <u>Se va al cielo por gracia de Jesús, por fe en Jesús,</u> cuando le seguimos a él en arrepentimiento y obediencia en todo lo que él enseña y también hizo…Se va al infierno por causa de rebeldía, de ingratitud y apartarse de la senda antigua que Dios ha cursado para el humano desde el principio de la creación.

Una pregunta que mucha gente se hace: ¿Cómo si Dios es el Dios de amor puede mandar a la gente a ese lugar?

La verdad es que Dios *"… quiere que todos los hombres sean salvos y vengan al conocimiento de la verdad."* (1ª TIMOTEO 2:4) Quien *"…no retarda su promesa,… sino que es paciente para con nosotros, no queriendo que ninguno perezca, sino que todos procedan al arrepentimiento"* (2ª PEDRO 3:9).

Todavía ¡duda de la misericordia de Dios! Leemos también *"¿Quiero yo la muerte del impío? Dice Jehová el Señor. ¿No* vivirá, si se apartare de sus caminos?... Porque no quiero la muerte del que muere, dice Jehová el Señor; convertíos, pues, y viviréis." (EZEQUIEL 18:23 y 32).

Si Dios ama a todas las gentes, si Dios ama a toda su creación ¿cómo es que existe un infierno?

Una cosa queda responder de toda evidencia histórica escrita y recopilada en el libro de libros que es la Santa Biblia. Que el hombre RECHAZA EL AMOR DE DIOS[14]… y si esa es su decisión. Obtendrá su parte juntamente con aquellos ángeles que también le rechazaron haciendo más caso al adversario Satanás en su guerra en los cielos de donde fueron destituidos para siempre (ISAIAS 14 || EZEQUIEL 28).

La condenación es propia al no creer en el esfuerzo realizado de venir a nosotros no habiendo necesidad de hacerlo porque él es DIOS dueño de todo; pero su soberanía de erradicarnos o preservarnos es infinita sin embargo eligió preservarnos con la OPORTUNIDAD de que nosotros decidiéramos ya que EL no quiere que nadie le siga sin amor propio –a fuerza ni los zapatos entran--.

El hombre se condena por negar el hecho majestuoso de la muerte y resurrección de Cristo…no dándole la importancia que se merece "El que en él cree, no es condenado; pero el que no cree, ya ha sido condenado, porque no ha creído en el nombre del unigénito Hijo de Dios." (JUAN 3:18).

---

[14] Retomar la Enseñanza del subtema No. 4 EL NUEVO PACTO cuando Jesucristo instruye a Nicodemo (JUAN 3:16-21)

EPILOGO

"... ¿Qué es el hombre, para que tengas de él memoria, Y el hijo del hombre, para que le visites?"

Salmo 8:4

El Padre nos hizo poco menos importante a los ángeles (SALMOS 8:5) pero recibimos perdón y coherencia con el Hijo. Mas los ángeles <<rebeldes>> no han recibido perdón y han dejado un vacío en el Cielo (JUDAS 6). El cual será ocupado por los redimidos por su sangre (el pueblo escogido, la Iglesia su esposa). Bien dijo JESUS *"No se turbe vuestro corazón; creéis en Dios, creed también en mí. En la casa de mi Padre muchas moradas hay; si así no fuera, yo os lo hubiera dicho; voy, pues, a preparar lugar para vosotros. Y si me fuere y os preparare lugar vendré otra vez, y os tomaré a mí mismo, para que donde yo estoy, vosotros también estéis."* JUAN 14:1-4

Recordaos; Tan solo aquellos que le han recibido en su corazón y hacen Su voluntad noche y día. Iremos a esas bellas mansiones.

"Los días de nuestra edad son setenta años; Y si en los más robustos son ochenta años, Con todo, su fortaleza es molestia y trabajo, Porque pronto pasan, y volamos" SALMOS 90:10

Valore la oportunidad que Dios le da ahora mientras vive. Y valore lo que Dios le quiere otorgar cuando esté delante de Su Presencia. Porque;…

70 años	=	840	meses
70 años	=	3640	semanas
70 años	=	25,550	días
70 años	=	613,200	horas
70 años	=	36'792,000	minutos
70 años	=	2,207'520,000	segundos

No sea que El Hijo (Jesús) no le Defienda por no haberlo contratado como su Abogado ante el Juez (Dios Padre) y contra nuestro Acusador el diablo. Y entonces, sin abogado para defenderse, el Padre le condene respaldado diciendo… --- **2,207'520,000 OPORTUNIDADES TE DI para decirle SI A MI HIJO** *(hipotéticamente)* mientras estuviste vivo en la Tierra. Pero Tú le rechazaste cada vez que se te invitó, se te predicó, se te dio testimonio u oró por tu enfermedad y aflicción; todo con motivo de que seas vuelto de vuestra iniquidad a cambio de la Senda de Justicia por medio de mi Espíritu Santo en tu Vida. Y adquirieses morada celestial conmigo por toda la eternidad. Amén.

SOBRE EL AUTOR

Siendo hijo de padres cristianos bautistas, Oscar A. Jiménez fue desarrollando una vida compleja diferenciando lo que el mundo ofrece a lo que Dios Padre y su Hijo Jesucristo nos han mostrado.

Desde su niñez se puede decir que fue criado a buscar refugiarse en la plenitud de la verdad bíblica ya que sus padres siendo profesionistas: abogado, criminólogo y mecánico su padre y talentosa artista por pasatiempo de las artes plásticas como inteligente médico especialista su madre. También cursaron un seminario bíblico como ministros evangélicos predicadores de la palabra de Dios. Por el cual nuestro autor vivió juntamente con ellos por tres años apenas luego de tres meses de nacido.

Fuera de la ciudad que aturde. Su ambiente propicio fue el campo donde se respira un aire de tranquilidad. Porque luego de que entregó su vida a Jesucristo a los ocho años de edad.

El espíritu santo de Dios fue mostrando lo difícil que es cursar un trayecto bajo su voluntad (la de Dios no la humana), matando sueños que tal vez pudieran sacarnos de la ecuación divina. Sin importar donde nos desenvolvamos.

Nacido en Monterrey, NL, México. Fue cursando un trayecto profesional en las áreas de la administración de empresas, servicio a clientes y también un posgrado en el área de mercadotecnia. Sin embargo no fueron tampoco el dibujo, la práctica de piano o el canto por nota (solfeo) los que cambiaron el curso de su vida. No fue el abandono de esas áreas para empezar a escribir. Sino los apodos que comúnmente le caracterizaban como amplio conocedor de muchas áreas y el ferviente fuego interno que él sentía de comunicar enseñando la verdad que es Jesús el hijo de Dios como la única solución absoluta y revelación del Padre para que la humanidad pueda ser salva.

Oscar desempeñaba papeles de liderazgo activamente dentro de la iglesia bautista y sobre todo la evangelización de la doctrina cristiana. A veces enseñando en la escuela dominical pero el papel más gratificante para Dios como él dice es afuera donde la necesidad se ve fehaciente. Aunque por cuatro años a cinco de su vida se mantuvo frío debido al falso amor mostrado por algunos dirigentes que convivían con él dentro del templo; ello le llevó a entender que la vida es una guerra espiritual y termina hasta que nos encontramos con el creador. Y que el trigo y la cizaña crecerían juntos aun mismo en tu propio terreno.

Printed in the United States
By Bookmasters